おうちでできる「衣類ケア」の決定版

衣類の洗濯・収納・お手入れ便利帖

アスパイラル代表（クリーニング技術研究会主催）
山﨑　勝

幻冬舎エデュケーション

はじめに

大好きな衣類たちと対話しよう

大切にする気持ちがいちばん大事！

いつまでも使い続けたい、ずっと身に付けていたい「お気に入り」との出会い——それは、お店の洋服棚を見ていた時に、直感でビビッときて衝動買い！　ということもあれば、何度も迷って、お店に足しげく通い、やっと心が決まって購入ということもあります。どんな出会い方であれ、目にしたその瞬間のインパクトは、ずっと心に残ります。これこそが、「モノを大切にしよう」という思いの原点です。そんな運命的な出会いをした衣服、靴、カバンは、私たちの生活を明るく彩ります。なんだか気がのらない時も、元気が出ない時も、これさえ身に付けていれば大丈夫！　というモノが、あなたにもきっとあることでしょう。大切なモノをずっとキレイに使い続けるためには、それぞれの素材や特性に合わせたメンテナンスが必要です。

「衣類をキレイにする」といえば、「洗濯」をイメージされる方が多いと思います。最近の洗濯機は優れているから、なんでもかんでも洗濯機に放り込んでしまえばＯＫ！　という方もいらっしゃるかもしれませんね。

私は長年、クリーニング業界で「プロの洗い」について研究してきましたが、一般的なご家庭での洗濯を見ると、みなさんデリケートな衣類まで強く洗いすぎの傾向にあります。汚れをしっかり落とそうとして、生地や素材を傷めてしまうケースがとても多いのです。おもしろいことに、汚れの性質や、シミが付いた時の状況をおさえて正しく洗浄すれば、勢いよく水の中を通さなくても、洗剤を大量に使わなくても、ブラシでゴシゴシこすらなくても、汚れはスッキリ取り除ける場合が多いです。これは洗濯だけでなく、あらゆるメンテナンスに言えることですが、まずはモノの性質をよく知ることが大事。付いているタグの絵表示を見るだけではなくて、生地や素材をさわってどんなお手入れが向いているか考えてみましょう。「Yシャツは、のりを効かせてパリッとさせたい」「やわらかい風合いを残したいから、柔軟剤を使ってみよう」「水が苦手そうな素材だから、こまめにブラッシングしよう」など、衣類をじっくり観察することで、おのずとどんなことをすれば良いかわかってくるものです。私はこれを「衣類と対話する」と言っています。

　本書では、自分でできる衣類のお手入れ方法を、「洗い」から「保管」に至るまで幅広くご紹介します。大切な衣類たちとの対話を楽しみながら、オンリーワンの付き合い方＝メンテナンスの方法を探してみてください。

Chapter 1

毎日できる簡単なケア

Chapter 2

やさしくキレイに洗おう

Chapter 3
しまい方と保管の方法

Chapter 4

仕上げとスペシャルなケア

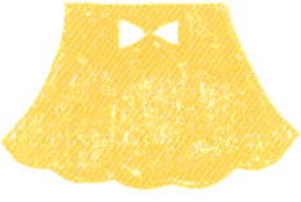

Chapter
1

毎日できる簡単なケア

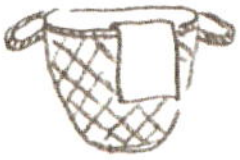

衣類を長持ちさせる８つのポイント

長く着る、使い続けるためには、
ポイントをおさえたお手入れが必要です。
まずは、どんなことに気をつけたらいいのか、
ざっくりと覚えておきましょう。

その1

愛着が持てるモノを選ぶ

「大切にしよう」という思いがなければ、丁寧なケアやお手入れをすることはできません。日常の買い物でも、手間を惜しまずに付き合える「お気に入り」を選ぶように心がければ、自然と扱い方が変わってきます。

その2

清潔感を意識する

使う頻度が高くなるほど、汚れもたまりやすくなります。汚れは時間が経つと酸化して取れにくくなりますので、モノの性質にあわせた適切な方法で、こまめに洗ったり、ふいたりするようにしましょう。

その3

できるだけやさしく洗う

洗濯の方法を間違えると、汚れを落とすどころか生地や素材を傷つけます。最近の一般家庭での洗い（とくにデリケートな衣類）は、必要以上に強く「洗いすぎ」の傾向。水の勢いも洗剤の量も、適量を考えましょう。

その4

型崩れしないようにする

「干す」「乾燥する」「しまう」時、適当に詰め込んだり、きちんとたた

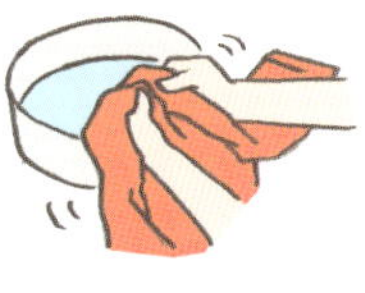

みすぎたりして、衣類にシワや変なクセをつけてしまうことがあります。みんな同じ形をしていないので、型崩れを防ぐ方法も違います。

その5

湿度を避けてしまう

クローゼットの中は時折入れ替えをして、湿度がたまるのを防ぎましょう。「湿気取り」を入れていても、置きっぱなしにすればそこに水がたまり、カビが生える原因になります。適度な換気を心がけましょう。

その6

繊維の目を整える

一日身に付けたら、その日の終わりにブラッシングをして、繊維の目を整えましょう。そうすることで、生地の傷みや毛玉を防ぐことができます。また、「一日着たら、一日休ませる」ことも大事です。

その7

できるだけ光を避ける

日や蛍光灯に当たりすぎると、変退色という、色の劣化現象を起こしやすくなります。色があせて、古ぼけた感じになることを防ぐためにも、なるべく光には当てすぎないように気をつけましょう。

その8

防虫対策を万全にする

衣替えで服やカバンをしまう時など、一番注意しなくてはならないのが虫食いです。ただ防虫剤を入れるだけでは不充分。空気を遮断して、防虫剤の効果を最大限高めるように、密閉するしまい方を覚えましょう。

長持ちさせるためには、続けて着ないほうがいい

一日着たら、一日休ませよう

自分の好きなモノだからこそ、毎日身に付けていたくなります。でも、衣類は毎日着続けることで、傷みが早くなるので、いい状態を長く保つためにはあまりおすすめできません。

毎日使い続けることのダメージについて、考えてみましょう。

☑ 生地や素材を傷めてしまう

そんなに激しい動きはしていなくても、洋服のひじの部分が薄くなっていたり、靴のかかとが減っていることがあります。とくに、身に付けはじめてからそれほど時間が経っていないモノでこのようなことが起こった時は、過度に使いすぎている可能性が高いです。もちろん、使用頻度を考えて丈夫に作られているモノもありますが、それでも定期的に休ませているかいないかで、もちが変わってきます。

使いグセが付いてしまう

人間は誰でも姿勢や動きにゆがみを持っています。衣類や靴は、持ち主のゆがみに影響を受けやすく、知らないうちにその人が使いやすいような形に変化していきます。大きな荷重がかかるほど、変化も目に見えてあきらかになります。素敵な形が気に入って買ったカバンなのに、いつの間にグタッとしている。洗練されたフォルムの革靴が、ボテッとダサくつぶれるというのも、原因はすべて持ち主にあります。こういった使いグセも、モノを休ませる（使わない)日を作ることで改善できます。休ませている間は形を整えるために詰め物をしたり、シューキーパーを使いましょう。

ニオイが染みついて、取れにくくなる

洋服には体のニオイ、靴にはムレたニオイが、毎日着続けることで染みついていきます。ニオイの原因は、雑菌の繁殖です。菌は、程よく湿気のある、あたたかいところで増えるため、人間のぬくもりは大好物。毎日身に付けることは、菌にとっての好条件を作り続けることにもなります。ニオイをとるためには、適切に洗うことが一番効果的ですが、ハンガーにかけて空気を通したり、風通しの良いところに干して湿気を取るだけでも、かなり良くなります。

ホコリを落とすだけでなく、繊維も整える

ブラッシングでケアをはじめよう

衣類をブラッシングするだけで、不思議とモノを「丁寧に扱う」ようになります。ブラッシングは、衣類を大事にしようという気持ちを生み出してくれる魔法のようなもの。また、ブラッシングをすることで、衣類がもとの形に戻ろうとする力をサポートすることになるのです。「洗い」や「スペシャルケア」についてはまだまだ勉強中……という方でも、正しいブラッシング方法を身に付けるだけで、お手持ちの衣類に目に見えた変化が生まれます。衣類がキレイになっている事実に加え、「ちゃんとケアしている！」という自信が、お手入れの意味をグッと引き上げてくれるはずです。

お手入れの基本！ブラッシングの役目

服地の繊維を整える

毎日、着用後にブラッシングすれば、キレイな状態が長持ちします。毛羽立ちや毛玉による使い込んだ印象を防ぐだけでなく、生地の光沢も出てきます。繊維が乱れた状態で着用し続けると、傷み方も早くなります。

ブラッシング前

ブラッシング後

洗濯やクリーニングの回数を減らすことができる

軽い汚れやホコリであれば、ブラッシングで充分に落とすことができます。洗濯やクリーニングは必要なことですが、衣類が傷むきっかけになりやすいので、ブラッシングでできるだけ回数を減らしましょう。

デリケートな部分にあわせて選ぶ
洋服ブラシの選び方

生地の厚いコートなどは毛の固い大ぶりなモノ、シルクなどのやわらかい素材には毛が細くてしなるモノなど、用途に合わせてブラシを選ぶのが理想的です。そこまで細かくわけるのは難しいという方は、お手持ちの衣類の中で最もデリケートなモノにあわせてブラシを選ぶと、他の服を傷める心配もなくなります。

大切な衣類のケアにおすすめなのは、天然毛の洋服ブラシ。以前は豚毛が主流でしたが、最近はよりやさしい馬毛のブラシが一般的になってきているようです。カシミヤやアンゴラ、アルパカやビキューナなどのデリケートな服地には、せひ馬毛のブラシを使っていただきたいですね。

天然毛のブラシ以外にも、起毛した繊維を使ったエチケットブラシや粘着テープを利用したものもあります。あなたにとって使いやすいモノを選びましょう。

良いブラシの特徴

やさしくホコリを落とし、
繊維の目をきめ細かく整える、天然毛のモノ

洋服ブラシで毛玉ができにくくなる

できてしまった毛玉には、電気で動く毛玉取りや、毛玉取りブラシを使っている方が多いと思います。たしかに、生地の表面の毛玉がゴッソリと根こそぎ取れていくので、便利ですし、気持ちの良いものですが、これらは「毛玉を削り落としている」わけで、繊維をむしり取っているのと変わりないのです。毛玉は、摩擦によって引き出された繊維が、絡み合って玉状になったものです。衣類の一部でもあるため、むしり取るような強い力によって、全体的な傷みを早めてしまいます。

ブラッシングによって、頑固な毛玉の予備軍である「繊維の絡み」をほぐし、毛玉のできにくい環境をつくることができます。

できた毛玉は、ひとつずつカット！

毛玉を無理に引っ張るのではなく、眉毛用の小さいハサミなどで、ひとつずつ丁寧にカットしましょう。

一番おすすめ！ 天然毛の洋服ブラシ

豚毛

毛にコシがあり、大ぶりのコートなど生地が固いモノにおすすめ。馬毛にくらべて比較的安く手に入ります。

馬毛

毛がやわらかく、カシミヤや毛皮、正絹の着物などにも安心して使うことができます。ソフトなタッチですが、細かなホコリもしっかり取り除きます。

持っていると便利なグッズ

起毛した繊維を使ったエチケットブラシ

便利で安価なモノが多い。折りたたみ式で鏡が付いているモノなど、お出かけの時に持ち歩けるコンパクトなタイプは、手軽にすぐ使えます。

粘着テープを利用したモノ

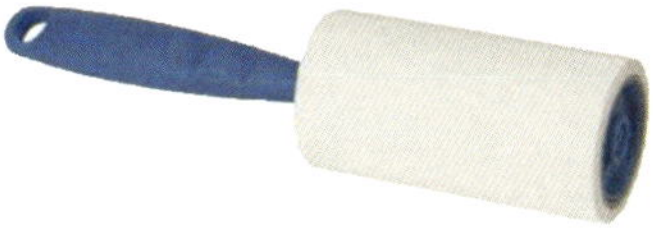

家の絨毯《じゅうたん》の掃除などにも活用されている粘着テープのローラー。ホコリ取りやペットの毛を取る応急処置として使われることが多い。

汚れを取る時は「やさしく」

いずれもこすりつけるように使えば、ホコリが生地に絡んで取れにくくなり、それを取り除くためにさらにこするという悪いサイクルにはまってしまいます。生地を傷める原因にもなるので注意しましょう。

次のページで、正しいブラッシングの方法をご紹介！

強く押し付けず、軽いタッチで
ブラシのかけ方

上質なブラシを手に入れても、かけ方を間違えればいい効果が得られません。ブラシは例外を除き、繊維の方向と同じ向きに動かし、強く押し付けないようにしましょう。

☑ブラッシングの基本は「こすらずに、はらう」

ブラシは衣類に対して垂直に持ち、手首をかえしてサッとはらうようにします。繊維の絡みをほぐしてから、ホコリをはらい落とします。

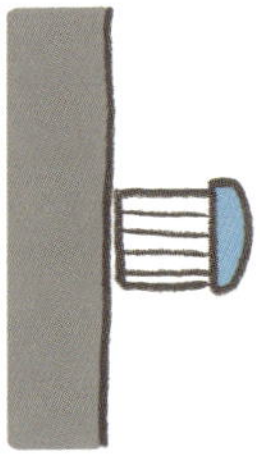

衣類に対して垂直！

ポケットの中袋や、
縫い付け部も
忘れないように！

よりキレイに仕上げるためのコツ

☑ ブラッシングの前に、ホコリをかき出す

背広などは、まず繊維の方向とは逆にやさしくブラシをかけ、汚れやホコリを浮き上がらせると効果的。その後、繊維の方向に合わせてブラッシングすると良いでしょう。その際、上から下にかけていくこと。肩、胸、背中、両袖、裾の順番でブラシをかけます。

☑ ペットの毛には、粘着テープが便利

犬や猫の毛が絡んで取りにくくなってしまった時は、ブラッシングの前に、ガムテープを丸めて輪にしたモノや、粘着テープを利用した衣類用ローラーで取り除くと、衣類に負担がかかりません。

かけるだけで、ピンッと仕上げる

ハンガーでシワと型崩れを防ごう

衣類はハンガーにかけるだけで、もとの形に戻ろうとする力によりアイロンをかけなくてもシワを伸ばすことができます。ウールやカシミヤ、モヘアなどの獣毛、シルクも、ハンガーにつるしてかけておけば、大部分のシワは取れてしまいます。この効果は、良質な（ちょっとお値段の張る）生地ほどハッキリと現れる傾向です。

ハンガーにかけることで、もう一つ防げることがあります。それは、型崩れ。キレイな生地の状態をキープできていても、シルエットが悪くなってしまえば、見栄えが悪くなるのは言うまでもありません。衣類に合ったハンガーを選ぶだけで、仕立て上がりのようにキレイなシルエットをいつまでも保つことができます。

このように、ハンガーにかけておくだけなのに、ふたつもいいことがあります。まさにラクして一石二鳥！　さっそく身近にあるハンガーを見直してみましょう。

☑ ハンガーにかけたほうがいいモノと、かけないほうがいいモノ

ハンガーにかけた時、
変形するか、
しないかがポイント！

かけたほうがいいモノ	かけないほうがいいモノ
〈コート〉  〈ジャケット〉  〈スーツ〉  〈スカート・パンツ〉  〈シャツ・ブラウス〉 	〈ニット製品〉 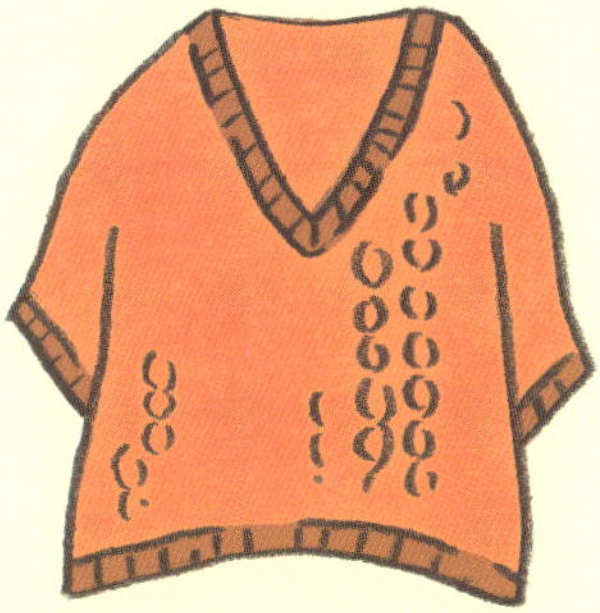 〈重い素材が付いているモノ〉 

いろんな形には、それぞれにいいところがある！

衣類に適したハンガーの選び方

クリーニング屋さんでもらったハンガーをそのまま使っているという方も多いかもしれません。でも、衣類にとって、その形に適したハンガーを選ぶことはとっても重要です。針金ハンガーや厚さの薄いハンガーは、大部分の衣類にとってシルエットが崩れる原因になりやすいので、良いとはいえません。型崩れを防ぐためには、基本的に太くてしっかりした厚みのあるモノで、その衣類に対して大きすぎたり小さすぎたりしない、肩幅が合うハンガーを選ぶようにしましょう。とくに、肩のシルエットが合っていないと、ハンガーの形に洋服がゆがむなど、変なシワができる原因になりますので、気をつけてください。

☑ 理想的なハンガーとは……

ハンガー選びのＮＧパターン

衣類に対してハンガーが大きすぎる、または小さすぎるなど、大きさが合っていないと、へんなゆがみやシワをつくる原因に。

ちょっと手を加えるだけで、プロ仕上げに！

ワンランク上のハンガーの使い方

かけておくだけでもいいことがあるハンガーですが、ひと手間加えるだけでワンランク上の仕上げができるようになります。とっても簡単な方法ですので、覚えておきましょう。

ガンコなシワの取り方

ハンガーに半日つるしても取れないような
シワができてしまったら……

- お風呂場など湿気のある場所にしばらくつるし、その後乾燥した場所で数時間干す。
- シワ部分を霧吹きなどで軽く濡らし、そのまま乾かす。
- 市販のシワ取り用スプレーをかけて、しばらくつるしておく。
- アイロンのスチームを当ててみる。
- 衣類の一番下の部分に、軽めの重しを付ける。

変な型崩れを防ぐためのひと工夫

衣類に合ったハンガーにつるすことのほかにも、
こんなことに気をつけましょう。

ポケットの中身を出してからつるす。

ファスナーやボタンを閉じる。
第一ボタンをしめれば、
エリなどが垂れさがるのを防げます。

クローゼットにしまう時は、充分に湿気をとって、詰めすぎないように！

（しまい方については、CHAPTER3で詳しく説明）

Column

本当の意味での自然派

石鹸や洗剤に限らず、食べ物などでも自然派志向が流行っているようです。体にやさしい、害の少ないモノを使って生活し、環境への配慮も欠かさないというスタンスは、とても素晴らしい。でも、天然由来のモノを使っているというだけで、はたして自然派志向だと言えるのでしょうか。

私は、環境にやさしい化学(グリーンケミストリー)を考えています。自然派志向の製品は、天然の素材と化学のバランスがなにより大事。洗いに関してですが、天然由来の低刺激な石鹸でも、洗浄力の関係で、どうしても使用量が多くなりがちです。そのことで、水もたくさん使いがちになり、これでは環境に良いとは言い切れません。

今の化学はとても進歩しています。良く見れば、人体にも環境にも配慮されたモノが、たくさんあります。このような配慮はもはや当たり前になりつつあります。自然の素材をベースに、新しい化学の取り入れ方を考えてみませんか。

Chapter
2

やさしくキレイに洗おう

洗いすぎていませんか？

洗濯を見直そう

クリーニング業界で仕事をしている私から見ると、一般的な家庭での洗濯は「洗いすぎ」の傾向にあります。洗いすぎと言われても、イマイチよくわからないかもしれません。もう少しわかりやすくすると、「洗う時の力が強すぎる」ということになります。

洗濯機には簡単に洗い方を選べるように、いくつかのボタンが付いています。汚れがビッチリ付いた子どもの体操着などはしっかり洗うコース、デリケートな衣類を洗う時はウールマークの付いているコースなど、わかりやすくわけられており、とても便利です。一番使う頻度が高いコースは、各洗濯機が設定しているいわゆる「ノーマルコース」でしょう。無意識のうちに、私たちの普段着にはメーカーが基準としている「普通の洗い」が良いと思っていたりしませんか。

洗濯機の普通洗いは、全体的に少し強めに設定されているように感じます。実際のところ、もう少し弱い回転でも、普段の生活で付く汚れ程度であれば、キレイに落とすことができるのです。極端な話、あまり汚

れていない衣類の場合、今の半分くらいの力でも充分です。必要以上の強い力が衣類に加わると、生地が傷み、長持ちさせることは難しくなります。経済的にもあまりいいことはありませんね。なので、大切なお気に入りの衣類を洗う時だけでなく、洗濯機を使う時は「ワンランク下のコース」を選ぶことをおすすめします。

さて、ここからは丁寧な洗い・洗濯についてお話ししていきます。家庭では洗えないとされているレーヨンも、高級なカシミヤも、素材の特性と注意点さえ守れば、自分で洗えるようになります。デリケートな衣類の洗濯がお家でできてしまえば、クリーニング代もその分浮きます。今までは簡単に洗えないから……とあきらめていたモノも、洗う時のことを気にせずに購入できるようになります。洗濯を知れば知るほど、ファッションの幅も広がるわけです。

丁寧洗いで、洗濯の基本をおさらいしてみましょう！

お気に入りの衣類はやさしく扱う

デリケートな衣類は「観察」しながら洗う

洗濯機を使った洗いでも、手洗いでも、表示どおりにちゃんとやっている……というのが、実は良くなかったりします。表示に従って洗っていたのに色落ちした！　生地が縮んでしまった！　というトラブルは、思いのほかたくさんあります。あなたにも、そんな経験があるかもしれません。「でも、絵表示とか洗剤の裏にかいてある説明どおりだったし、防ぎようがないのでは……」と言うのもわかりますが、こういったトラブルの兆候は、洗っている間も衣類をしっかり観察していれば、おかしくなる瞬間を感じ取ることができるものなのです。

色が落ちやすいモノでも、水につけたら一気に色が抜けるのではなく、徐々に抜けていきます。この場合の洗濯は、染料がたくさん抜けはじめた瞬間にやめることが大切。縮みや硬化も一気には起こりませんので、縮みやすい生地の衣類は、固くなったように感じたらすぐ水から上げるなど、自分の目と手で変化を観察しながら洗いましょう。変化の初期段階で気づき、洗いの作業を中断して洗剤を濯いでしまえば、トラブルを防ぐことができます。

あれっ？と思ったら、すぐストップ！

洗濯機に入れてコース洗いに任せきりだと、終了ブザーが鳴った時には手遅れ……ということもあります。とくに大事な、デリケートな衣類は、洗濯機に入れた後も変化がわかりにくいので、できるだけ避けたいところです。

手洗いをしていれば、細かな衣類の変化を観察し、感じ取りやすくなります。だからこそ、大切な衣類は手洗いをおすすめしています。色がだんだん出てきた、なんとなく生地の感触が変わった、ゴワゴワしてきたなど、ささいな変化を見逃さないようにしましょう！

洗濯機でグルグル回しちゃいけない！

丁寧洗いの基本は「ウール洗い」

主にセーターなど、冬に着るアイテムに多く使われているウール。ウールのセーターは、普通に洗えば縮んでしまうので、洗濯機のウールマークコースや手洗い、もしくはドライクリーニングを活用します。こうして縮みを防ぎながら清潔に洗うのですが、このウールの洗いにこそ、大切な衣類、おしゃれ着洗いのヒントが隠されています。

まずはウールが縮む原因について、おさらいしましょう。

ウールの毛は
水にぬれると下のように膨らみます。

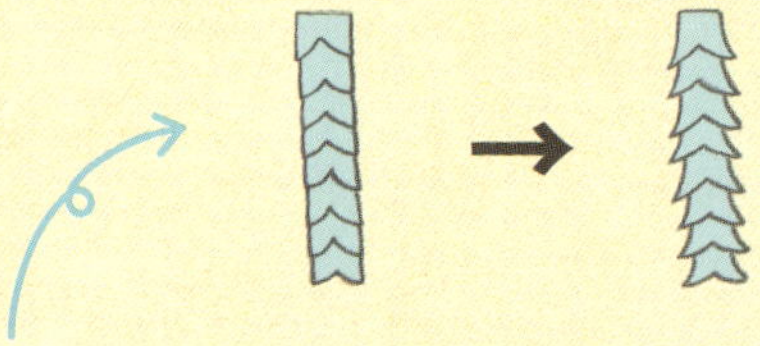

このウロコのような部分を「スケール」といいます。髪の毛でいうキューティクルと同じ。

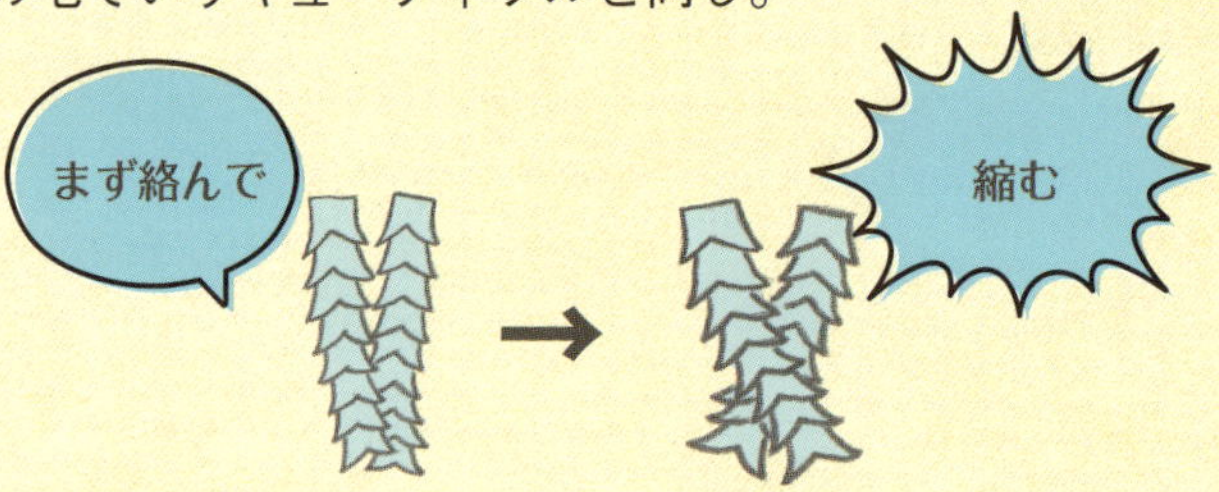

膨らんだスケールが洗濯の力で絡み合い、結果的につまって縮んでしまう。「フェルト化」がおこります。洗濯機のウールマークコースがあまり動かないのは、この現象を防ぐためなのです。

手洗いが一番やさしい洗い方

ウール以外のおしゃれ着、たとえばシルクや麻、カシミヤなどに、ウールの特性は当てはまりませんが、洗濯時の摩擦に弱く、こすれて白化することがあります。なので、大切な衣類こそ、ウールと同じように手洗いでやさしく扱うことをおすすめします。

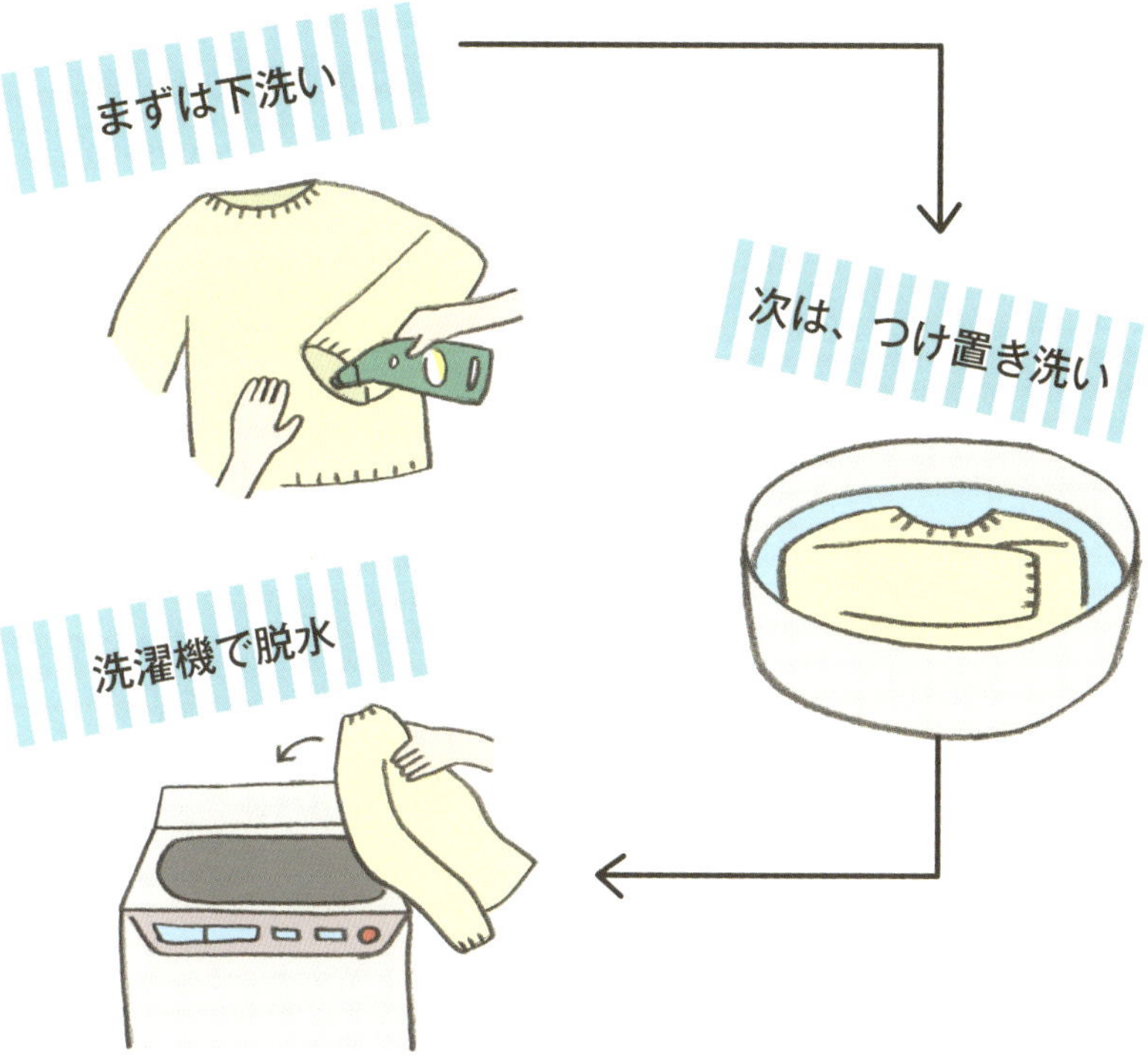
まずは下洗い
次は、つけ置き洗い
洗濯機で脱水

フェルト化ってなに？

ウールに水と熱を加えるとスケールが開き、そこに圧力をかけることで繊維が絡み合い、離れにくくなる現象。この性質は他の繊維には見られない特性です。この特性を活かして、ビリヤードクロスやピアノのハンマーなどに使われる、丈夫なフェルトが作られます。

表示どおりに洗わなくてOK!

絵表示は参考にしよう

手洗い×のマークがあるのに、家で洗えちゃったという経験をされた方も多いと思います。絵表示は絶対ではなく、あくまで扱い方のめやすになるものです。下の表を参考にしながら工夫してみましょう。

※表上のJIS（日本工業規格）とISO（国際標準化機構）は、意味の近いものを隣合わせに掲載しています。完全一致するものではありません。

洗濯

JIS		ISO	
	液温は、40℃を限度とし、洗濯機による洗濯ができる。		液温は、40℃を限界とし、普通の操作で洗濯機による洗濯ができる。
	液温は、40℃を限度とし、洗濯機の弱水流、又は弱い手洗い（振り洗い、押し洗い及びつかみ洗い）がよい。		液温は、40℃を限界とし、弱い操作で洗濯機による洗濯ができる（下線2本は、非常に弱い操作で洗濯機による洗濯ができる）。
	液温は、30℃を限度とし、洗濯機の弱水流又は弱い手洗い（振り洗い、押し洗い及びつかみ洗いがある）がよい。		液温は、30℃を限界とし、普通の操作で洗濯機による洗濯ができる。
	液温は、30℃を限度とし、弱い手洗い（振り洗い、押し洗い及びつかみ洗いがある）がよい（洗濯機は使用できない）。		液温は、40℃を限界とし、手洗いだけできる。
	水洗いはできない。		洗濯できない。

非常にタフな衣類についている表示

洗濯機の水流を弱めるか、ネットを使用するとgood！

デリケートな衣類についている表示

表示上は水洗いできないことになっているけど、丁寧に洗えば、洗える場合もありますよ！

ISOマークの見方

ISOマークの中には、同じ図の下に線が入ることで違う意味になるものがあります。線が増えるほど、扱いを「弱く」「やさしく」という意味になります。

塩素系漂白剤

JIS	ISO
なし	あらゆる漂白剤が使用できる。
塩素系漂白剤による漂白ができる。	なし
なし	酸素系又は、非塩素系漂白剤による漂白ができる。 ＊塩素系漂白剤での漂白はできない
塩素系漂白剤による漂白はできない。	漂白剤による漂白ができない。

塩素系漂白剤は、基本的に白いモノにしか使わない(台所のフキンなど)。色柄モノに使うと、色が破壊されてしまう可能性が大!!

干し方

JIS	ISO
つり干しがよい。	吊り干しが良い。
日陰のつり干しがよい。	日陰の吊り干しがよい。
平干しがよい。	平干しがよい。
日陰の平干しがよい。	日陰の平干しがよい。

ハンガーに干しても伸びないので、シワや形を整えて干すだけ。日光に当てても大丈夫。

日光に当てると色があせやすいので注意!!

平干しにするといいが、要は伸びなければOK。日光に当てても大丈夫。

日光に当てると色があせやすいので注意!!

アイロン

JIS		ISO	
高	210℃を限度とし、高い温度（180～210℃まで）でかけるのがよい。	●●●	アイロン底面の温度200℃を限度とし、かけることができる。
中	160℃を限度とし、中程度の温度（140～160℃まで）でかけるのがよい。	●●	アイロン底面の温度150℃を限度とし、かけることができる。
低	120℃を限度とし、低い温度（80～120℃まで）でかけるのがよい。	●	アイロン底面の温度110℃を限度とし、かけることができる。
╳	アイロンかけはできない。	╳	アイロンがけはできない。

綿や麻など、シワが取れにくいモノ。アイロン時は、あて布と霧吹きをするとよい。

高温アイロンは気をつけて!!

熱にやや弱い……、アイロン時間もあまり長くしないように。

ポリ塩化ビニルは６０℃ぐらいで収縮するので、アイロンをかけてはいけません。プリントも熱に弱いタイプがあるので、その部分はアイロンできません。

ドライクリーニング

JIS		ISO	
ドライ	ドライクリーニングができる。溶剤は、パークロロエチレン又は石油系のものを使用する。	P	普通の操作により、業者によるドライクリーニングができる。※溶剤はテトラクロロエチレンまたは、石油系溶剤を使用する。
ドライ セキユ系	ドライクリーニングができる。溶剤は、石油系のものを使用する。	F	普通の操作により、業者によるドライクリーニングができる。※溶剤は石油系溶剤を使用する。
ドライ ╳	ドライクリーニングはできない。	╳	業者によるドライクリーニングはできない。

ドライクリーニングは有機溶剤を使う洗い方。家庭ではドライクリーニングはできません（ドライマークの衣類を「水洗い」する方法があるだけです）。

石油系のドライクリーニングは、ドライクリーニングの中でもやさしいタイプ。大部分の衣類が洗える！

ドライクリーニングすると硬化するので、できない。水洗いをする場合が多い。

しぼり方

JIS		ISO
	手しぼりの場合は弱く、遠心脱水の場合は、短時間でしぼるのがよい。	なし
	しぼってはいけない。	

脱水はゆるく（短く）。しっかり脱水すると、しぼりジワができる。

タオルドライすること！

乾燥機による乾燥（タンブル乾燥）

JIS	ISO	
なし		普通の温度設定でタンブル乾燥ができる。
		低い温度設定でタンブル乾燥ができる。
		タンブル乾燥ができない。

見て、さわって、直感を信じて！
家で洗えるモノかチェックしよう

家で洗えるモノかどうかをチェックしてみましょう。ポイントをおさえれば、見慣れない新しい素材でも、絵表示では洗えないモノでも、自分で判断して洗えるようになります。次の４つのチェックポイントは、洗濯のプロであるクリーニング屋さんも使っています。

1 Check 水につけて色が出るか

見た目に色が「濃い」「黒い」だけではなく、輸入物で色落ちしそうなおしゃれ着などは、水につけただけでも色落ちする可能性があります。色が少し出るモノは、気をつけて洗います。たくさん色が出る場合は、家では洗えません(P.53の色落ちテスト参照)。

蛍光色を使っていたり、生地の上にプリントされた絵が付いているモノも要注意！

2 Check 回して洗えるか、手洗いするか

色の問題がクリアしても、何でもかんでも洗濯機でグルグル回すと失敗してしまいます。

ウール製品だけでなく、変わった形のボタンなど、付属品がついているモノ、繊維がデリケートなモノは、手洗い(静止洗い)を選びます。手洗いでも難しそうな極端に変わった部分があるモノは、家で洗う前にクリーニング屋さんに相談します。

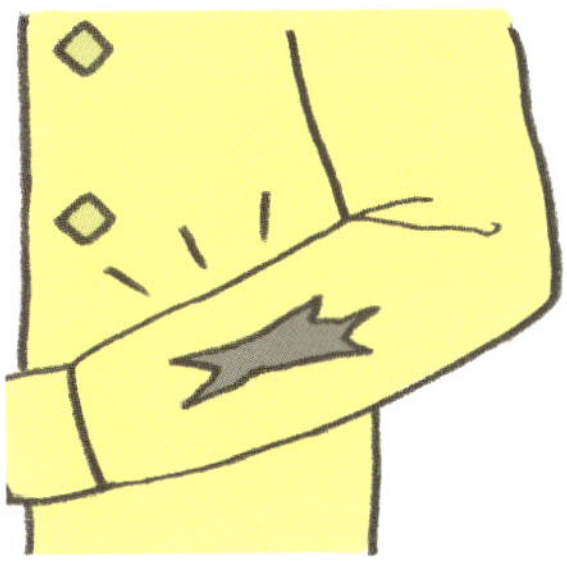

角のあるボタンは、洗った時に生地を傷つけてしまうことがある。

干している間に重さがかかって、洋服がビローンと伸びてしまうことも。

3 Check 乾かし方を選ぶ

洗いは上手くできても、乾かす段階で失敗する場合も多く見かけます。ウールのように乾燥機にかけたら硬化する素材、縮みが気になる素材、また熱に弱い素材は、乾燥機をさけてハンガー干しに。ただし、ハンガーにかけると伸びやすい素材は平干しに。

4 Check アイロンがけの可否

背広や一部のおしゃれ着は、構造、または素材によって、家庭でのアイロンがけができないものもあります。知らずに洗ってしまうと、仕上げの段階で失敗する可能性が高くなり、せっかくの衣類が台無しに……

毎日の洗濯、自然派のナチュラルランドリーなど

洗剤の種類

汚れを落とすために使う洗剤ですが、どの洗剤にもメリットとデメリットがあります。汚れの種類や生地との相性、どのような風合いに仕上げたいかなど、自分の好みや生活スタイルに合ったモノを選ぶようにしましょう。

一般用洗剤

粉末

普段着をしっかり洗うための洗剤。弱アルカリ性で、より白く仕上げるために蛍光増白剤が含まれていることが多い。

液体

普段着を洗う洗剤。液体なので、冷たい水でもOK。粉末よりデリケートな衣類に適している。

おしゃれ着洗剤

中性洗剤をベースとし、洗う衣類のダメージを少なくする洗剤。縮みが最も少ないのも特徴。

こんなの
おすすめ！

プロウォッシュ

ドライマーク衣類のウール、シルク、アセテート、トリアセテート、キュプラ、レーヨンも自分で洗える、とっても経済的な洗剤！

漂白剤

酸素系

黄ばみなど、酸化したシミに有効。除菌効果も高い。色柄モノにも使えるが、アルカリ性なのでやや色落ちに注意（液体は弱酸性で、同じく色柄モノに使える）。

塩素系

色素そのものを壊すので、白モノ以外には使えない。基本的に他の薬品と混ぜて使ってはいけない。

柔軟剤

衣類の仕上げ剤として、衣類にやわらかさや帯電防止効果を与える。

のり剤

綿や麻など、衣類にハリを持たせたい時に使用する。衣類をコーティングするので、その後の洗濯でも容易に汚れが取れる。

革用添加剤

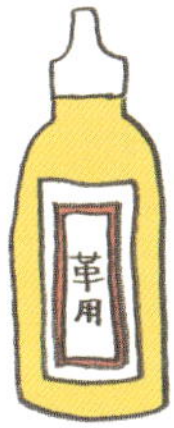

革を水で洗うと油分が失われるので、油分を添加し、革本来のやわらかさを戻す。

☑あると便利な洗剤たち

部分洗い用洗剤

シミ、襟などの部分汚れに対して有効な洗剤。汚れに直接アプローチでき、皮脂汚れに強い。

台所洗剤（シミ抜き時）

油汚れを水で取る時に活躍する。大部分のシミを落とすことができる。

防虫加工剤

クリーニング店の防虫加工をご家庭でもできるようにした薬剤。

スプレータイプの酸素系漂白剤

シミ、襟などの部分汚れ、部分的な黄ばみに対して効果を発揮。ひと吹きするだけで、洗浄成分が浸透する。

クレンジングオイル（シミ抜き時）

台所洗剤では取れない、強い油性のシミに使用。濯ぎはしっかりと行う必要がある。

合成洗剤がニガテな人へ

☑ナチュラルランドリー

石鹸

粉末は、自然派志向の方に愛用されている。単体では黄ばみやすく、溶けにくいなどの課題がある。液体は溶けやすいので、粉末の石鹸よりも使いやすい。動物系と植物系の二種類がある。固形は繊維に絡みやすいので、襟や裾、または泥汚れなどに使うと便利。部分洗いにも活用できる。

酸素系漂白剤

合成洗剤と同じような働きをするが、界面活性剤を含んでいない。

重曹

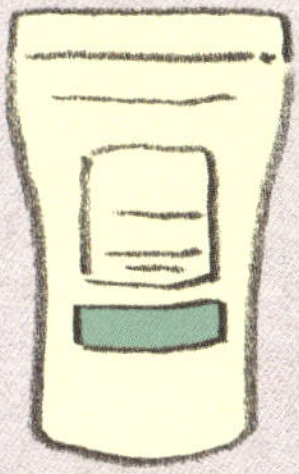

アルカリ性の粉末。洗濯では、補助剤として使用するのがおすすめ。単体では、ふりかけ洗いができる。

クエン酸

レモンや梅干しに含まれている成分。酸性の粉末。石鹸やアルカリ剤を中和して、やわらかく仕上げる。

洗剤の洗浄力の違い

汚れが落ちるしくみを知ろう

洗剤など、汚れを落とす薬剤には「界面活性剤」という物質が入っています。ここでは、界面活性剤がどのようにして汚れを取るのかをお話ししましょう。

☑ 界面活性剤は、こんな形！

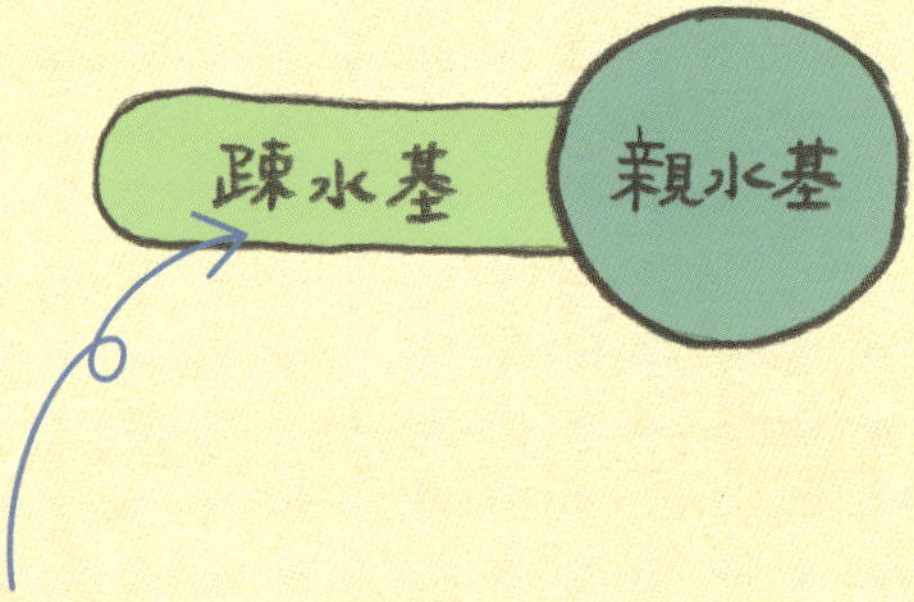

水洗いでは、界面活性剤の疎水基が手のようになって、汚れを掴み取るイメージ。

汚れが落ちる仕組み

1.

水の中に汚れた生地が入っています。この段階ではまだ汚れはとれていません。

2.

洗剤溶液を入れると、界面活性剤が汚れにくっつきます。

3.

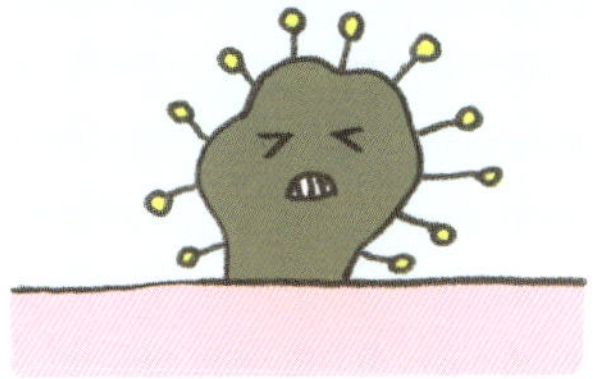

界面活性剤の疎水基が手のようになって、汚れを生地から離そうとします。

4.

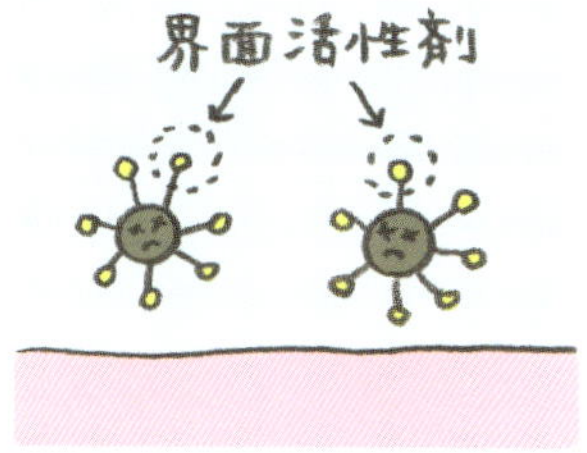

界面活性剤が汚れを完全に抱きこめました！

洗浄と洗濯温度

洗濯液の温度は、高いほうが洗浄力は高くなりますが、色落ちや風合いの低下、縮みなどが起こりやすくなることを覚えておきましょう。とくに、ウールやシルクは温度の影響を受けやすいので要注意です。

簡単な洗剤の選び方

普段の洗濯

- 白モノは、蛍光剤入りの洗剤に粉末の酸素系漂白剤を加えて洗う。
- 色柄モノは、無蛍光の洗剤に液体の酸素系漂白剤を加えて洗う。

おしゃれ着洗い

- 白モノは、おしゃれ着洗い洗剤に粉末の酸素系漂白剤を加えて洗う。
- 色柄モノは、おしゃれ着洗い洗剤に液体の酸素系漂白剤を加えて洗う。

（白モノと色柄モノの仕分けについては、P.54で詳しく説明しています）

洗濯をはじめるその前に

洗い方を決めよう

☑手洗い or 洗濯洗い

しつこい汚れやシミがないモノは、洗うだけで充分キレイになります。丁寧に洗いたい時は手洗い、一度にたくさん洗いたい時は洗濯機を活用しましょう。

手洗い

縮み、色落ち、型崩れ、シワなど、洗濯機で洗うことに心配がある場合は、よく観察しながら手で丁寧に洗いましょう。

洗濯機洗い

一度にたくさん早く洗えて、とても便利な洗濯方法です。大切にしたい衣類はノーマルコースではなく、デリケートコースを上手く活用してください。

頑固な汚れは下洗いする

靴下や作業着などに付くしつこい汚れは、普通に洗うだけでは残ってしまうことが多いです。丈夫な素材の衣類なら、手洗いや洗濯機洗いの前に下洗いで汚れを落としておきましょう。

泥や砂、こびりついた皮脂などは、洗濯板にこすりつけるようにして洗います。汚れが落ちたらキレイな水で濯ぎ、手洗いか洗濯機洗いにまわしましょう。部分用洗剤を使うこともおすすめです。

オシャレな洗濯板とタライ

洗濯板

タライ

インテリアの一部になるような、オシャレなモノがたくさんあります。洋品店などで探してみましょう！

いろんな種類がある
汚れとニオイの原因

「体から付く汚れ」と「外からつく汚れ」

普通に生活しているだけでも、私たちの衣類には様々な汚れが付きます。汚れは、目に見えるモノもあれば目には見えない小さなモノもあり、そのままにしておくと落ちにくくなるばかりか、バイキンが増えてニオイが付いたり、変色の原因にもなります。汚れの種類によって落とし方も変わりますので、おさらいしておきましょう。

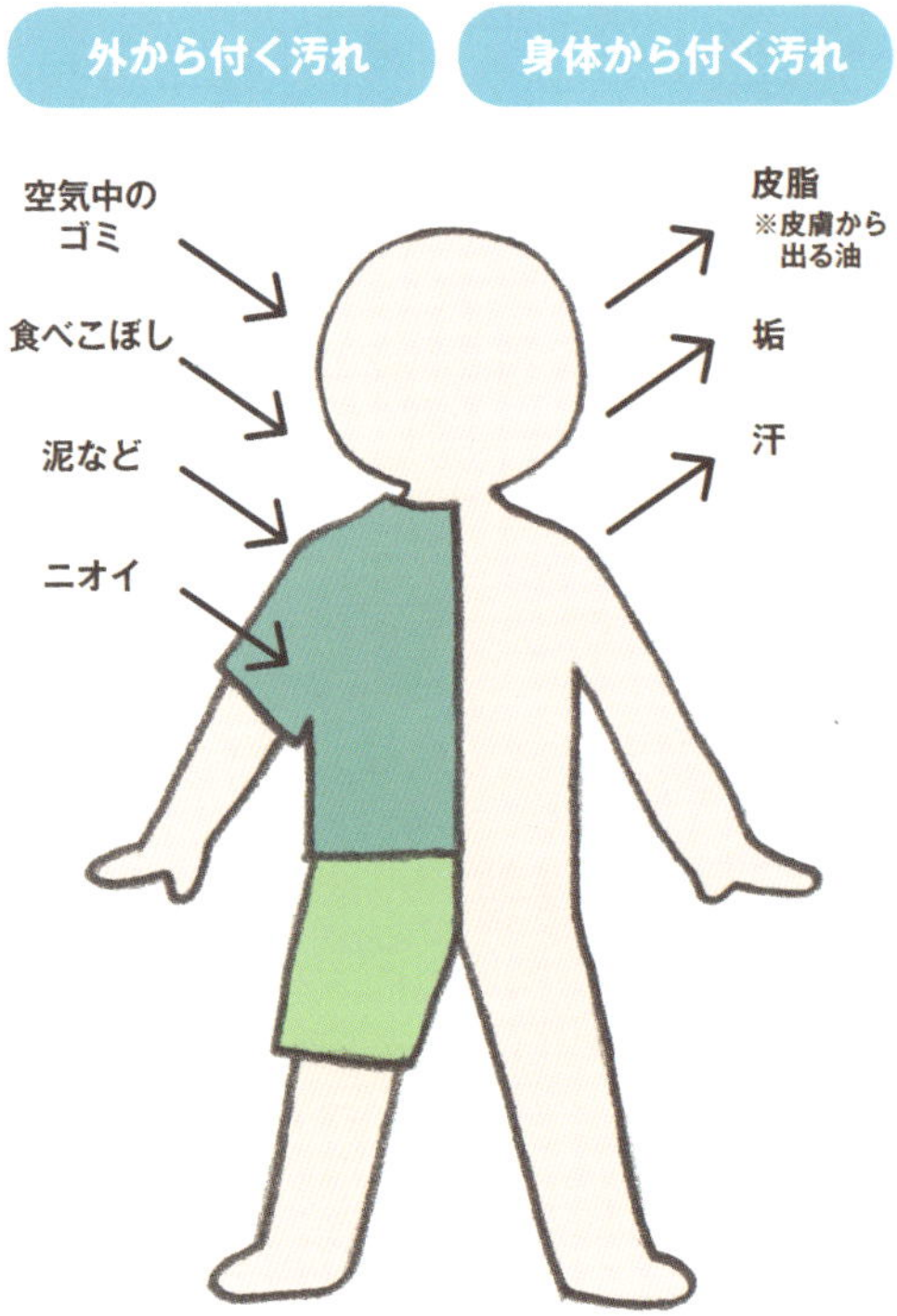

衣類の汚れは「体から付く汚れ」と「外から付く汚れ」のふたつにわけることができます。靴下や下着は一日着るとニオイが付きますが、これは肌に直接触れるため、アカ（垢）や皮脂、汗が付くからです。また、肌に直接触れない上着などには、一見汚れていないように見えても、空気の中にあるチリやホコリがこびり付いています。自動車の排気ガス、焼き肉レストランの煙や、タバコの煙なども汚れの原因になりますね。これらのニオイを放置すると、衣類が変色するなど傷むだけではなく。不衛生な環境をつくる原因になります。

汚れの種類

油性の汚れ

油脂、ろう、グリース状の汚れ、動物の脂肪や植物油の成分、鉱物性の油分など。そして、人体の分泌皮脂や外気の油煙、自動車排気ガスや飲食物なども含まれます。

水溶性の汚れ

食塩や砂糖、果汁ジュース、スープ等の飲食物や、汗尿等の分泌物など、水に溶けやすいモノ。普段の生活の中で自然と付いていることが多いです。

不溶性（固形）の汚れ

砂、ホコリ、スス、粘土、鉄粉、泥など。主に空気中のチリの成分に含まれています。

汚れの度合いがひどい場合はP.49の下洗いや、P.92のシミ抜きをするようにしましょう。

ニオイについては水洗いすると大部分が取れます。洗濯する時に、液体の酸素系漂白剤を入れて洗うと、除菌効果と消臭効果が同時に得られます。体のニオイが気になる方は、できるだけこまめに酸素系漂白剤を入れて洗うといいです！

クリーニング屋さんも実践している

洗濯前の色落ちテスト

洗濯の前に、色落ちしそうな予感がしたら、だいたいは当たっていませんか。色の濃い衣類は、「色が出そうだな……」と、なんとなくでも事前に見当がつくものです。

たとえば……

●真っ赤な衣類　●ジーンズ
●浴衣　●白い生地にワンポイントついているモノ
●シルク製品　●ヨーロッパの海外のブランドモノ
●東南アジア製品　etc.

ここでは、クリーニングのプロも実践している色落ち確認の方法をご紹介します。洗濯を始める前にぜひ試してみてください。

☑ 色落ちテストのやり方

1.

白い布に洗浄液（水＋洗剤）を含ませる

水だけでもいいのですが、洗濯で使う洗剤で洗浄液を作って試したほうが、より正確にテストできます！

2.

衣類の目立たない場所を、軽くトントンとたたいてみる

裏など目立たないところを探しましょう。目立つ部分にすると、色が出た場合、その部分の色が薄くなって白けて見えることがあります。

3.

もし、色が付いたら、その衣類は、洗濯時に色が出る

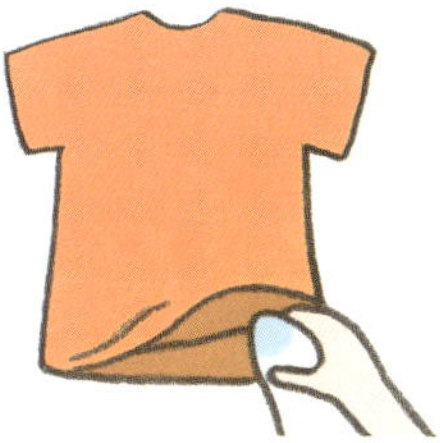

うっすらと色が付いた時も、注意信号です。

※たくさん色が使われている衣類は、それぞれの色をチェックすること。

テストで色が出たら

色落ちテストで色が出なければ、安心して洗うことができます。うっすらと微かに色が付いた場合は、白いモノや淡い色のモノと一緒に洗わない。たくさんは出ないが、それなりに色が付いた場合は、単品で注意して洗う。ハッキリ色が付いた場合は、基本的に家で洗わず、技術力のあるクリーニング屋さんにお願いしましょう。

白い服と濃い色の服を一緒に……

白モノと色柄モノを仕分けしよう

洗濯前の仕分けは、「白モノ」と「色柄モノ」のふたつにわけるのが基本です。理由は色移りを防ぐということもありますが、洗剤をわけて、各々に適した洗いをしたいから。この仕分けについては普段の洗濯もおしゃれ着洗いの時も同じです。もっと細かくわける余裕のある方は、クリーニング屋さんでの仕分け方法でもある「白モノ」「柄モノ」「濃色モノ」というわけ方をおすすめします。「濃い色モノ」の代表はジーンズ。色落ちさせたくないジーンズは、おしゃれ着用の洗剤で洗うといいですよ。ただ、わけると言っても厳密でなくて大丈夫です。「どっちかな?」と悩むモノは、実際にどちらの洗いを選んでも問題がないことが多いです。ただ、「真っ白なモノと、濃色のモノを一緒に洗うこと」は、避けるようにしてください。

ちなみに、初めて洗濯するモノは、一番色が出ます。濃色の場合はとくに出やすい。クリーニング屋さんであれば、あらかじめ色落ちしないように処理をしてから洗うことができますが、家庭では少々難しい方法です。色が出る衣類は、仕分けした後、それだけで手洗いするようにしましょう。

☑ 色柄モノの洗い方

1.

洗剤を溶かした水に
衣類をつけ、手早く洗う

2.

色落ちが進まないように
すぐ取り出し、水を捨てる

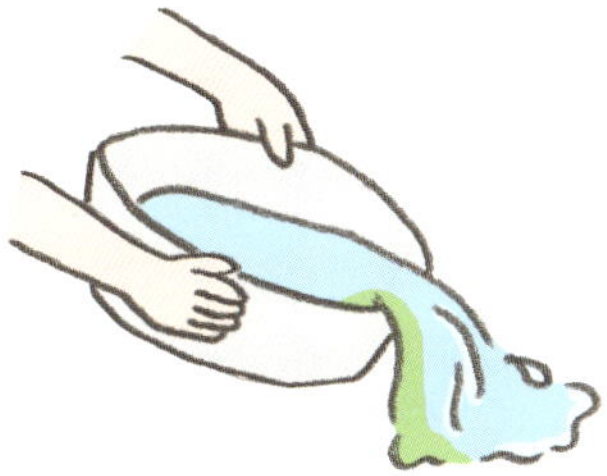

3.

さっと濯ぐ

色が移ってしまったら！

気をつけていても、他の衣類の色が移ってしまう時があります。そんな時は、乾く前に洗い直しましょう。衣類の色移りは、乾くと取れにくくなります。乾く前に、色移りした時と同じ条件でもう一度洗い直す。液体洗剤を使用して、液体の酸素系漂白剤を一緒に入れると、さらに効果的です。

丁寧洗いの必需品
洗濯ネットで衣類をボディガード

デリケートな衣類は、すべて手洗いだと大変です。洗濯ネットを活用すれば、衣類を保護しながら洗うことができますし、洗濯している時に起こる擦れや傷みを防いでくれます。

洗濯ネットに入れたほうが良いモノ

- ●ニットなど型崩れしやすいモノ
- ●ビーズなど繊細な飾りが付いたモノ
- ●ひもが付いているなど、絡みやすいデザインのモノ
- ●生地の薄いブラウスやストッキング

ただ、洗濯ネットを使用すると、汚れ落ちや濯ぎが甘くなったり、シワが増えたりすることもあるので、入れるモノの仕分けはよく考えるようにしましょう。

2種類の洗濯ネットを使いわける

目の粗いネット

衣類の絡まりや破れ、傷みを防ぎます。目が粗いので水や洗剤がよくとおり、汚れ落ちも比較的良いです。

目の細かいネット

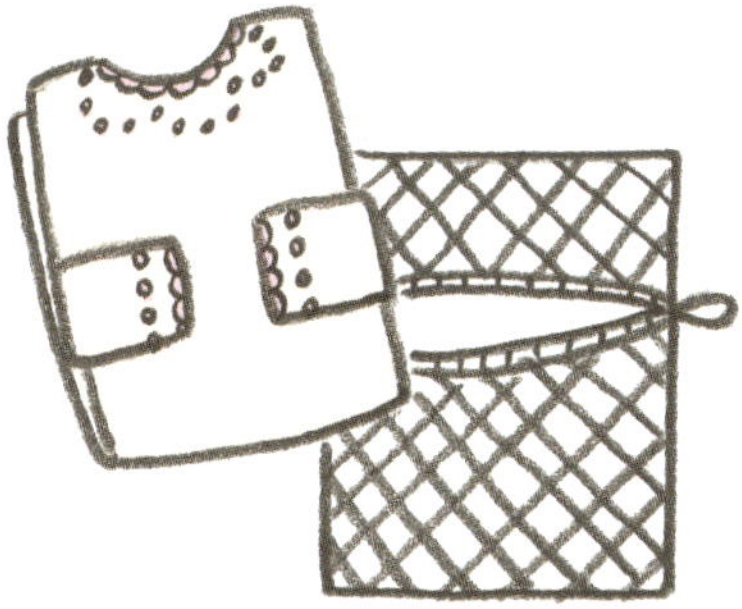

ビーズなどの装飾が付いた衣類を保護したり、糸くずやゴミが付くのを防ぎます。他の衣類への色移りが心配なモノにも、使用することで防止できます。

その他のおすすめ洗濯ネット

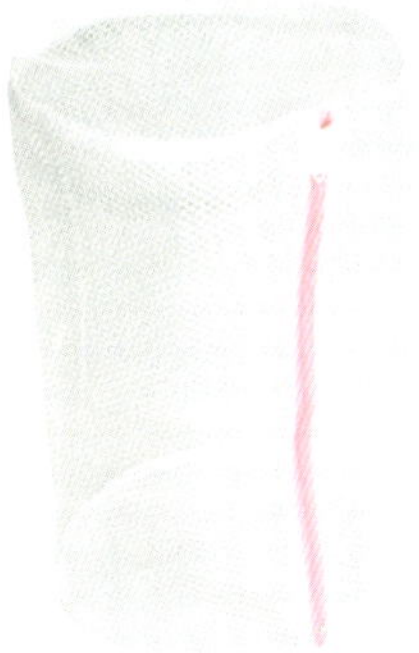

大きな衣類からタオルケットまで洗えるスグレモノ。

ネットに入れる量は、一つのネットに一着が理想的。でも、詰めすぎなければ2、３枚入れてもＯＫ。また、大きなネットに小さな衣類を入れるのは、ネット内で衣類が動き過ぎるので良くありません。ネットの中に、硬さの違う衣類（ストッキングと綿製品など）を入れることも、お互いを傷ませてしまうので避けましょう。

水を切る時も、衣類に負担がかかっています
脱水はしぼりすぎないようにする

洗濯ジワの原因は、洗濯機の脱水時間が長すぎることでもあります。洗濯機のノーマルコースでは、通常5分から8分間の脱水をするので、シワになりやすい衣類には長すぎます。余分なシワを少なくするためには、脱水の段階でシワを作らないように工夫する必要があります。

ぶ厚いモノはしっかり脱水することが基本ですが、シワが付きやすく取れにくい素材は、脱水時間を短くするようにしましょう。シワが付くと取れにくい素材は、麻や綿、シルクなど、アイロンがけが面倒くさいモノでもあります。しぼりすぎはダメという単純な問題ではなくて、できるだけシワを作らないために脱水を「しすぎないようにする」ということです。

シワになりやすい衣類やおしゃれ着は、脱水は1分以内に留めておくことがめやすです。

☑ 脱水時間を短くするやり方

1.

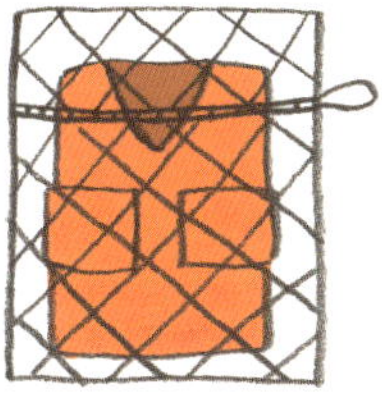

脱水時間を短くしたい衣類だけをネットに入れて仕分けします。

2.

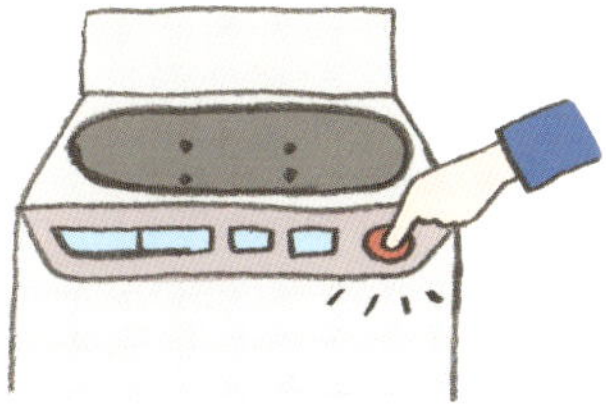

洗濯機の脱水時間を手動で短く設定し、洗濯機をスタートします。

3.

洗濯機が止まったら、短く脱水したい衣類のネットだけを取り出して、シワにならないように干します。

4. その他の衣類は、もう一度適切な時間で脱水します。

しっかり脱水すると、
乾きやすいという
利点があります。

プロのクリーニング屋さんの裏技

シワになりやすい衣類やデリケートなおしゃれ着の脱水は、脱水が高速回転に入って5秒から10秒で一度止めます。その後、脱水機の中の衣類の形を整えて、適度に水が切れるまで、この作業をくり返します。脱水シワが比較的少なく、水が滴るような状態にもならないプロの技です。

衣類を大切にする人は、みんなこだわっている

干す時に注意すること

アイロンがけが大変になってしまうのは、干し方に原因があったりします。干す時に、衣類をやさしく「たたく」「引っ張る」「ふりさばく」「整える」。このひと手間を加えるだけで、仕上がりが格段に良くなります。また、適切な干し方をするだけで、アイロンがけを省略することもできます。

早く乾かすためのコツ

- ●衣類の形に合った適切なハンガーを選ぶ
- ●できるだけ形を整えて干す（シワもできるだけ伸ばす）
- ●空気のとおり道を考える
- ●干す場所を選ぶ
- ●干している時の温度に気をつける

たたく

引っ張る

ふりさばく

整える

ちょっとひと手間プラスするだけで、アイロンがラクになったり、不要になったりします。

自由にカスタマイズできる「針金ハンガー」

カットソーの形に合わせてみる

それぞれの衣類の形に合わせて変形させられるので、変なクセやシワをよく防ぐことができます。衣類に合わせた形をいろいろ考えてみましょう。

縮むから洗えないは間違い

レーヨンの洗い方

衣類に付いている絵表示を見ると、レーヨンは水洗いをしてはいけないことになっています。それはある意味正しいのです。レーヨンは「水につけると縮んでしまう」という理由で、水洗いをしてはいけないとなっています。たしかに、何の工夫もせずにレーヨンを洗うと、大人の服が子供のサイズになってしまうほど、見事に縮みます。レーヨンは、水につけると縮む性質を持っているのです。

レーヨンの長所

●吸湿性が良い（化学繊維の中で一番高く、綿よりもよい）

●レーヨン独特の光沢とドレープ性に優れている

●熱に強く、軟化や溶解をしない

レーヨンの短所

●水で縮みやすく、シワになりやすい

クリーニング屋さんでもレーヨン素材は、たいてい水洗いせずにドライクリーニングされます。でも、ドライクリーニングは石油などの溶剤を使うクリーニング。汗汚れなどは取れないので、やはり水洗いでスッキリさせたいところです。

レーヨンの洗いの重要なポイント

特別な洗剤を選ぶこと

一番のおすすめは、おしゃれ着洗剤の中でもコーティング剤の濃度が高く、縮みを防止してくれる洗剤。シリコンが入ったリンス（髪の毛用）でも代用できますが、前者のほうが風合いも良く仕上がるのでベストです。

縮む前に、洗いあげる

厳密には、レーヨンは短時間でも水に付ければ縮みます。ただ、1、2分であれば、縮むといってもごくわずか。この程度の縮みであれば、干す時に少し引っ張って形を整えたり、アイロンで仕上げる時にも少しだけ引っ張り気味にすれば元に戻ります。

レーヨンの洗い方

1. 短時間洗浄ができるように、
洗い桶と濯ぎ槽のふたつを用意する。

2. 衣類を数十秒で洗い、すぐ濯ぎ、脱水へ。
洗いと濯ぎは1、2分で行う。

3. 脱水の時間も短くし、形を整えて干す。

レーヨンは基本的にはおしゃれ着なので、汚れがたまらないうちに洗いましょう。

洗濯の幅が広がる

革の洗い方

レーヨンと同じように、革製品も一般的には水で洗えないことになっています。いくつかの注意点を守れば洗うこともできますが、ご紹介したおしゃれ着洗いを丁寧にできる方でないと、難しいかもしれません。普段、手洗いもしたことがないという方は、ふき洗い程度に抑えておくほうが無難です。カバンなどは、ボール紙が縫い込まれている場合があるので、水にぬらすと型崩れする可能性は大。ふき洗いに留めましょう。

革を水洗いする時の注意点

- 必ず革を洗う専用洗剤を使い、使用方法をしっかり確認する
- 革がぬれている状態で、熱をかけない（アイロン、乾燥の熱）
- 色使いが2色以上の場合は、色が移るので家で洗わない
- 脱水はゆるくする。脱水機を使うのが心配な方は、タオルでできるだけ水をふきとってから干す

革のふき洗い

汚れる前にケアをするのが革製品をキレイに長持ちさせるためのコツ。一度使ったら、乾いたやわらかい布やブラシで表面に付いたホコリを落としましょう。スウェードなどの起毛した革は、軽く毛並みに逆らうようにしてホコリをはらい、その後毛並みにそって整えるとよいでしょう。また、革は水分に弱くカビやすいので、洗う以外のお手入れも大切です。毎日のケアに加え、型崩れ防止や風通しの良い場所で保管するようにしてください。

はっ水スプレーで汚れをシャットアウト

汚れを防いで革を保護してくれます。かけた後は、しっかり乾燥させること。

汚れを落とす時は革専用のクリームで

起毛した革には基本的にクリームは使わないので、用途を確認して使いましょう。

革の水洗いは簡単ではありませんが、家で革のスカートやジャケット、ブーツや靴が洗濯できるとクリーニング代も節約できます。なにより、大切な革製品を自分でお手入れできることはうれしいことです！　ただし、特殊なシミがある場合は、クリーニング屋さんにお任せしてください。

全体的にも部分的にも、サッと汚れを落とせる

便利なふき洗いのやり方

洗いにくいモノ、丸洗いが難しいモノは、こまめなお手入れが長持ちさせるための秘訣です。ふき洗いは、水でジャブジャブと洗えないモノにおすすめ。布に中性洗剤を含ませてふけば、とてもキレイになります。使用する中性洗剤は、ウール洗いやおしゃれ着洗い用の洗剤が良いです。洗剤の使用方法をよく確認して、注意事項を守りながら使いましょう。

ふき洗いのやり方

1. タオルに薄めた中性洗剤を染み込ませる
2. やさしくふき取る。もしくは、トントンとやさしくおさえるようにたたく
3. 洗剤が付いていないぬれタオルで、洗剤分と浮かせた汚れをふき取る
4. 風通しの良いところで水分を飛ばす

☑ 部分的なふき洗いで、洗濯回数を減らす

全体が汚れていなくても、襟や袖口、カバンの持ち手などは、汚れがたまっています。そのままにしておくと黄ばみやニオイの原因にもなりますので、部分的にふき洗いするようにしましょう。

☑ 汚れがたまりやすいところ

カバンの持ち手の部分も、
汚れがたまりやすい

注意していたのに、やってしまった!?

洗濯で失敗した時のリカバリー方法

気をつけて洗っていても、失敗してしまうことがあります。とくに、色関連のトラブルは、家庭ではリカバリーが難しい。**大切なことは、いかに失敗しないか、また異常があっても初期段階で気づくように丁寧に扱うこと**と、これまでにもお話ししてきました。ただ、軽い失敗であれば、ご家庭でなんとかリカバリーすることもできますので、その方法は覚えておきましょう。

☑ 色関連

洗濯によって同じ衣類の中で色が動いた。干している時、脱水する時に色が出るモノと接触して色が移った。干している時に、色が出る部分からじわじわと色が染み出てきたなど。

POINT

●乾く前のぬれた状態で洗い直す

部分的な場合は、色が出た部分に洗濯時に使った洗剤を塗り、水道のじゃ口等で濯ぐ。全体的に色が染まった場合は、洗濯時に使った洗剤で、その衣類だけもう一度洗い直します（P.55参照）。乾いてしまうと、リカバリーの難易度が上がる場合が多く、クリーニング屋さんに出すことに。

☑ 型崩れ

洗濯機で洗ったら変なクセがついた。干し終わったらハンガーの後がついたなど。

POINT

- **スチームアイロンで整える**
- **思い切って、洗い直す**
- **背広などカチッとした立体のモノは、適切なハンガーにつり直す（それでも、無理な場合は、その状態でスチームをあてる）**

☑ 縮み

水につけたら縮んでしまったなど。

POINT

- **生地を引っ張る**

縫い目などが破れないよう気をつけながら、もとの大きさに引っ張ります。ひどい縮みは、ソフター等につけてから引っ張ると、伸びやすくなります。

ここで紹介するリカバリー方法により、すべてのトラブルが解消されるわけではありません。

Column

アイデアと工夫を楽しむ

たとえば、Yシャツをパリッと仕上げるために使うのり剤。麻やシルクの衣類にも使ってあげると、シワを減らしたり、毛羽立ちを防ぐことができます。衣類によって分量を変える必要はありますが、このひと手間で、水をとおす前の新品のような風合いが戻ってきます。

ちなみに、私はシルクなどものり剤を使うようにしています。ただし、綿に使用する時よりかなり薄く使います（バリバリに固まったシルクなど、魅力が半減してしまいますので）。感覚的にはYシャツに使う時より、20から30倍くらい薄くです。ウールやニットは、一切のり剤を使いませんが、織物の生地の場合はかすかなハリ感を出すために、ものすごく薄い糊を使うのです。また、柔軟剤とのり剤をブレンドすれば、やわらかさもプラスされますよ。大切な衣類だからこそ、このような時間を惜しまずに、楽しみたいものですね。

Chapter
3

しまい方と保管の方法

使い終わったらすぐにしまっていませんか？

しまう前には必ず干そう

一日使ったモノは、最低一日は休ませたほうがいいという話をCHAPTER1でしました。休ませる前のブラッシングによるケア。しまう時のハンガーがけにも、上手にシワを取るためのコツがありました。これらは、とくに大切にしているお気に入りのモノには、絶対にしてあげてほしいことです。

さて、すべてのお手入れを終えてしまう時のことですが、できればしまう前に干すことで、ニオイや湿気を取るようにしましょう。そのまましまってしまうと、次にタンスやクローゼットから出して着る時に、嫌なニオイがしたり、カビが生えていたりすることがあります。また、当の衣類だけではなく、その近くに一緒にしまってあったモノにまで、ニオイやカビが移ることもあるので、やっかいな状況になりやすい。新しい一日の始まりに、さわやかな気持ちで身に付けたくても、これでは前に使った時のことがリセットされていないようで、新鮮な気持ちにはとてもなれませんね。ニオイと湿気はしっかりと取り去ってからしまうように気をつけましょう。

干し方ですが、室内干しでかまいません。たたんでしまうと、折りたたんだところには空気が通らないので、平干しか、ハンガーにかけるようにしてください。よほどのことがない限り、だいたい一日干しておけば、ニオイや湿気を飛ばすことができます。最近では、消臭効果や除菌効果のあるスプレーもあるので、用途と成分をチェックしてから使ってみると、よりスッキリとした状態にできます。ただし、スプレー自体も水分には変わりないので、スプレーをした後に、ちゃんと乾いたことを確認してからしまうように注意してください。

こんな状態で置いておいても、
ニオイや湿気はたまるばかり……

衣類を収納する時は、晴れの日を選ぶ

雨の日など湿気が多い時に衣類を収納すると、水分も一緒にしまうことになります。長期収納する場合は、晴れた日に乾いた空気と一緒に衣類をしまいましょう。

使っていない間の傷みをシャットアウト

保管中の注意点

しまっている、保管している間にも、注意していないとモノは傷んでいきます。しまう前にしっかりお手入れや洗濯をしていたのにカビが生えた、虫食いの穴ができてしまった……ということも珍しくありません。保管中のポイントは、「湿度」「光」「防虫」です。この三つが守られているか、一度おさらいしてみましょう。

☑ 湿度

・保管する前に、洗濯や消臭スプレーの水分をしっかり飛ばしている
・保管中、その空間の湿度は丁度良い状態に保たれている
・ギュウギュウに詰め込んでいない
・シーズンオフでも、一度は空気を入れかえる

湿度対策にはコレ！

市販の湿気取りを活用すれば、タンスやクローゼットの中の湿度を、理想的な状態に保つことができます。ただ、こまめに水を捨てたりしないと逆効果なので注意が必要。

☑ 光

・光がさえぎられている場所で保管している

日光や蛍光灯など、強い光が当たると色落ちの原因になります。

☑ 防虫

・保管する前に、防虫剤を入れている

・保管中、その空間はほぼ密閉されている

最近の虫は腹ペコ

以前は主に天然の素材である綿や麻、シルクなどに見られた虫食いですが、最近ではポリエステルなどの化学繊維でできている衣類にも虫食いが発生するようになりました。ポリエステルなんて、おいしくもないと思うのですが……よほどお腹がすいているのでしょうか(笑)。とにかく防虫対策は万全にしておきたいところです(詳しくはP.80)。

湿気は下のほうにこもります

湿気は下にこもるので、衣類の素材によって収納場所を決めることが大事。湿気に弱い素材、ウールやカシミヤ、シルクなどは上のほうに、湿気に比較的強い素材、綿や麻などは下に入れるようにしましょう。

上段：シルク、ウール、カシミヤなど

中段：ウールの混紡・合成繊維など

下段：綿、麻など

捨てたらもったいない！

クリーニング屋さんの袋を活用しよう

クリーニング屋さんから帰ってきたほとんどの衣類は、ビニール包装されています。このビニール包装には、クリーニング工場から店舗、ご自宅までの運搬中に、衣類をキズやホコリから守る役割があります。このビニール包装、収納時には「必ず取り外し、風通しの良い所で陰干してから保管して下さい」と言われるのが一般的ですが、取り外さずにそのまま使うことで、良いこともあるのです。

クリーニング屋さんの袋を使うメリット

●ホコリを防ぐ

ビニール袋を外して収納すると、室内のホコリやタバコのヤニなどが付いて、汚れてしまうことがあります。これらをシャットアウトして洗いたての状態を保つのにも、ビニール袋はとても重宝します。

●シワを防ぐ

収納後、衣類を着用する時にシワくちゃで、再度アイロンをかけたり、クリーニング屋さんにお願いしたりすることはありませんか。素材や収

納状態によりますが、ビニール包装をしたまま収納した場合と取り外して収納した場合とでは、シワのより方が違います。とくに、スーツなどをたたんで持ち運ぶ際には、袋があったほうがいいです。

ビニール袋に入れたまま、スーツのラペル（胸の部分）を上に向けてたたみます。ラペルにシワが付きにくくなります。

※
クリーニング屋さんが「ビニール袋を外して保管」と言う背景には、ドライ溶剤の乾燥不足による皮膚障害、ビニール包装の酸化防止剤による黄ばみの発生、湿気によるカビなどの発生を心配しているということがあります。**持ち帰った衣類からドライ溶剤のニオイがしたら、ビニールを外してしっかり乾かしてください。**ただ最近では、ビニール包装による黄ばみ問題はほとんど発生しませんし、湿気による問題は、そもそも湿気が異常に多い場所に、衣類を収納しなければ良いだけのこと。ビニール包装をしたまま収納しても、すべての衣類にカビの発生や酸化防止剤による変色が起こるわけではありません。収納する環境によって異なるということを覚えておきましょう。

上手に使えば効果は絶大！
圧縮袋の上手な使い方

圧縮袋を使えば、衣類をコンパクトに収納することができます。旅行時の衣類やシーズン終了した冬物衣料などは、大きくてかさばります。だからといって衣類の量を減らすわけにもいかないので、ひと苦労です。そんな時おすすめなのが圧縮袋。衣類用圧縮袋は衣類をコンパクトに圧縮することができるため大変重宝します。また、空気を抜いた密閉状態で保管できるので、カビや虫食いの防止にもつながります。

でも、圧縮袋は正しく利用しないと逆に衣類に負担をかけたり、傷付けることになってしまうので充分に気をつけましょう。まず、圧縮袋を利用する際には、衣類はしっかりと洗浄し、乾燥させます（乾燥機やアイロンがけの直後、熱い状態で入れてはいけません）。洗浄、乾燥が不足していると、密閉された空間によりカビや虫食いが発生しやすくなります。「カビ・虫食い防止効果」のある圧縮袋もありますが、洗浄と乾燥の徹底は基本です。それから圧縮袋に防虫剤を入れた場合ですが、中に空気がないので薬剤の効果が一点に集中してしまい、衣類の変色・変質の恐れがあり、あまりおすすめできません。

また高級な衣装や毛皮製品、革製品、羽毛製品、カシミヤ製品は圧縮袋の使用に注意が必要です。これらの高級な衣類は圧縮袋を利用することで、繊維が変形して型崩れしてしまうことや、できたシワが取れなくなることもあります。たとえばダウンジャケットは、圧縮袋に入れて気分良く空気を抜き切り、ペッチャンコにしたために、中の羽毛の軸が折れた、ボリュームがなくなってしまった、表面のシワがとれなくなったという話があります。シワのできやすい衣類や、アイロンを当てにくい衣類も圧縮袋に入れることは控えましょう。

使い方が悪いと……

使い方を間違えると、大切な衣類が台無しに……

ただ入れるだけでは不十分！

防虫剤の上手な使い方

ほとんどの方が収納時に防虫剤を使用しているにもかかわらず、なかなか虫食いを防ぎきれないようです。市販されているほとんどの防虫剤は、ゆっくりガス化して収納場所に充満し、虫が近づくのを防ぐタイプです。ガスなので、密閉した状態で使うととても効果を発揮しますが、少しでも隙間があると簡単にガスが逃げて、濃度も薄くなってしまいます。ですから、クローゼットの開け閉めだけでも防虫効果は半減しますし、タンスの奥の空間など密閉のあまい場所があっても、防虫剤は本来の仕事ができません。また、防虫剤がガス化した気体は空気より重く、下へ下へと溜まっていきますので、防虫剤は衣類より上に置かないと効果が半減します。防虫剤を置く場所にも気をつけなければなりません。

市販の防虫剤を使う時は、ガスの濃度を薄くしないために、クローゼットの開け閉め、隙間をチェックするようにしてください。有効活用するためには、できるだけ密閉した状態をつくりだすこと。隙間がある場合はテープなどでふさぐといいでしょう。

防虫剤の種類

しょうのう

昔からある防虫剤。すべての衣類に使用できます（着物も可）。

ピレスロイド系

防虫剤特有のニオイがなく、衣類が無臭で保てる。ほかの防虫剤と混ぜて使うこともできます。

パラジクロルベンゼン

防虫剤の中で一番早く効き目が広がる。ウールなど虫の付きやすい衣類に適しています。ただし、効き目が早い分、効果も早くなくなります。防虫剤が気化するスピードが速いので、ニオイも早く飛ぶ。

ナフタリン

効き目がゆっくりと持続する。出し入れの少ない衣類や、ひな人形などの防虫に適しています。

クリーニング店での防虫加工

ガス化ではなく、衣類に直接防虫加工をすることにより、虫に「食べ物と思わせなくする」方法もあります。この方法は肌や人体にも安全で無臭、しかも加工の効果は次回洗うまで半永久的に持続します（クリーニング屋さんによって、使用する防虫加工剤が違います。成分・効果については、直接店舗でご確認ください）。

衣類の虫を発見したら……

虫や卵を発見したら、アイロンなどのスチームで衣類を蒸すと、熱で死んでしまいます。あと、クリーニング屋さんでドライクリーニングをすることもおすすめです。

衣類以外の大切なモノ

靴やカバン、帽子のしまい方

生地や素材のお手入れは、衣類のケアを応用すれば、ほとんどに対応することができます。専用の洗剤や、クレンジングクリームなども市販されています。ただ、靴やカバン、帽子は形が決まっているので、型崩れはとくに注意したいところです。

☑ 靴

・シューキーパーを使う

いろいろな形、素材がありますが、靴に合ったモノを選びましょう。最近では竹炭入りのシューズキーパーなど、ニオイ対策が同時にできるモノもあります。

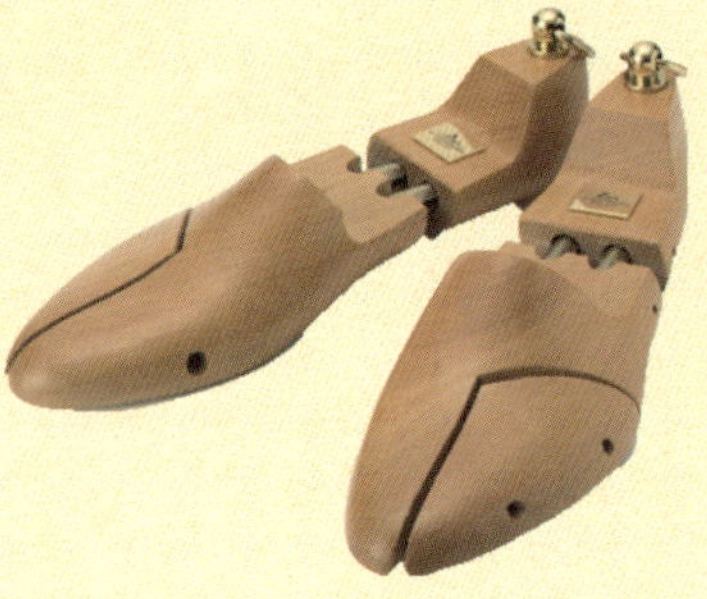

木製のシューキーパー

竹炭入りのシューキーパー

カバン

・買った時に中に詰めてあった紙、外袋を活用する
・湿気の少ないクローゼットの上段に保管

カバンを買うと、中に紙が丸めて詰めてあったり、布製の外袋が付いてきます。それらは捨てずに活用することで、型崩れや傷みを防ぐことができます。

使い終わったら中に紙を詰めて、外袋にいれておく。

帽子

・大切な帽子は帽子箱に入れる
・帽子スタンドを使う
・頭が入るところに紙の詰め物をする
・似たような形の帽子を重ねる

帽子スタンドにはいくつもかけられるモノもあるので、スペースに合わせて選びましょう。スペースに余裕がない時は、紙の詰め物をしたり、似たような帽子を重ねるといいでしょう。

買った時に入っていた箱でOK.

こんな風に、型崩れしない工夫をしましょう。

いずれも湿気には注意

衣類と同じく、湿気は保管の大敵です。乾燥剤を使う、風通しの良い場所にしまうなど、湿気がたまらないようにしましょう。

Column

製品づくりにかける想い

レーヨンも革も、なんでも洗えてしまう究極のおしゃれ着洗い洗剤、革の洗いで風合いを良くするための加脂剤、クリーニング屋さんの防虫加工が家庭でできてしまう防虫加工剤など、こだわり派のための製品をいくつも作ってきました。現状に挑戦し、独自の考え方で新しいライフスタイルをご提供したい。私たちは、「洗いの技術」にとことんこだわることからスタートした大阪にある小さなメーカーです。製品は、無類のこだわり派（笑）である私が、本当に良いと納得できたモノだけを発売しています。自分の大切にしているモノは、やはり自分で洗い、お手入れをしたい。ずっと手元に置いて、じっくりと向き合っていきたい。同じような想いを持つ方々と一緒に、これからも歩んでいきたいと考えています。

Chapter
4

仕上げとスペシャルなケア

使えばやっぱりカッコよく仕上がる

アイロンのかけ方

アイロンをかけなくてもシワや型崩れを防ぐ方法をご紹介してきましたが、ワイシャツなど仕事で着用するような衣類は、アイロンでパキッと仕上げたいものです。アイロンがけは、敬遠されがちですが、コツをおさえればとてもラクにできます。最初は少ない量からはじめ、慣れてきたら一週間分まとめてするなど、やりやすい方法を見つけましょう。

アイロンがけに必要なモノ

アイロン

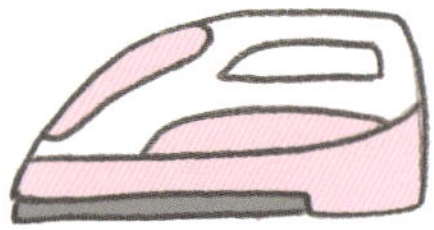

大きさも機能も様々ですが、よくアイロンがけする衣類に合わせて選びます。スチーム量や熱量が高いほど、衣類のシワが伸びやすいです。

アイロン台

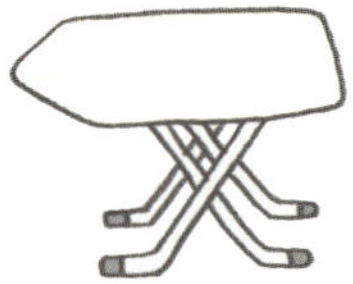

立ったままかけられる脚の長いタイプは、疲れにくいのでおすすめです。

あて布

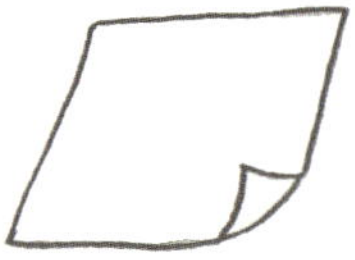

濃色（特にシルク）などは、アイロンを表からあてると光沢が変化します。その場合は、裏からアイロンをあてるか、あて布を使用します。ウールなど、テカリが気になる場合もあて布を使用してください。

霧吹きやスムーザー

スムーザーやのりのスプレータイプを使えば、衣類のシワの伸び方が全然違います。ドライアイロンの場合は霧吹きで水を吹くのも良いでしょう。

動かし方のコツ

アイロン先端部分に力を入れてしまうと、生地がひっかかってシワになりやすい。アイロンを動かす時は、まずアイロン先端部分には力を入れず、後ろ側に少し力を入れる感じで前方に動かします。バックする時はその逆で、アイロンの後ろ側を上げる感じでかけていきます。進行方向にアイロンを少し上げるイメージですべらせ、かけるのがポイントです。

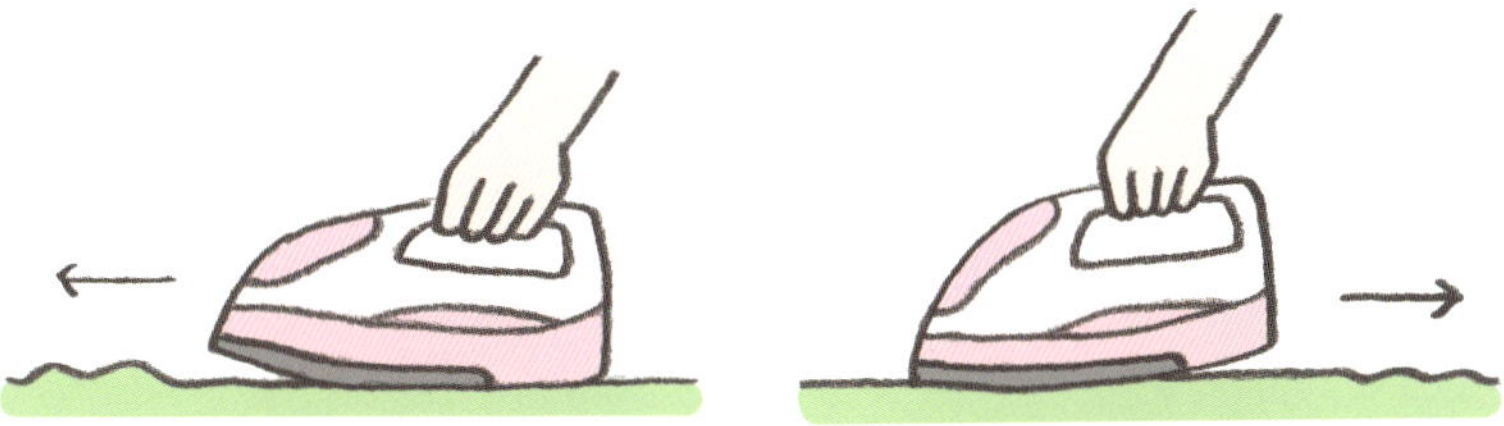

両手を使う

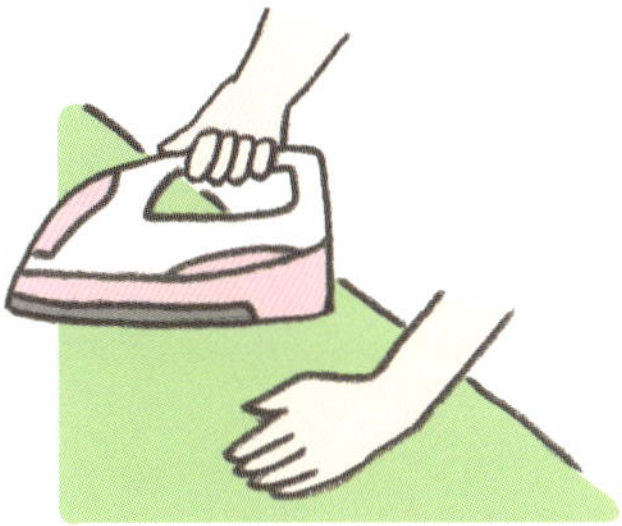

アイロンを持っていないほうの手は、かけている間、生地を移動してかける場所を動かしたり、引っ張りながらシワを伸ばします。

縫い目もしっかり引っ張る

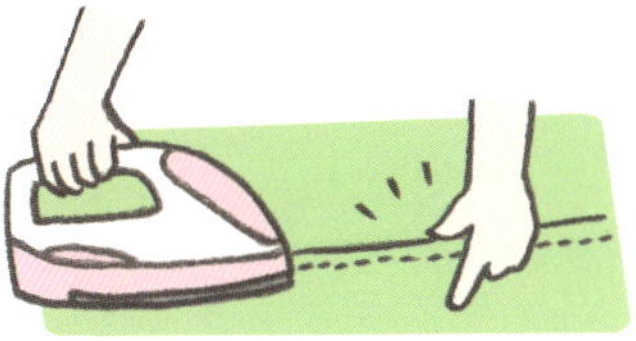

縫い目部分をかける時は、そこだけが縮んだり突っ張ったりしやすいので、アイロンを持っていないほうの手で引っ張りながらかけます。

部分別アイロンがけのポイント

ワイシャツのアイロンがけ手順と、ラクなかけ方をご紹介します。

両袖口→右袖→左袖→襟→右肩→左肩→右前見頃→後ろ見頃→左前身頃

アイロンをかける順番

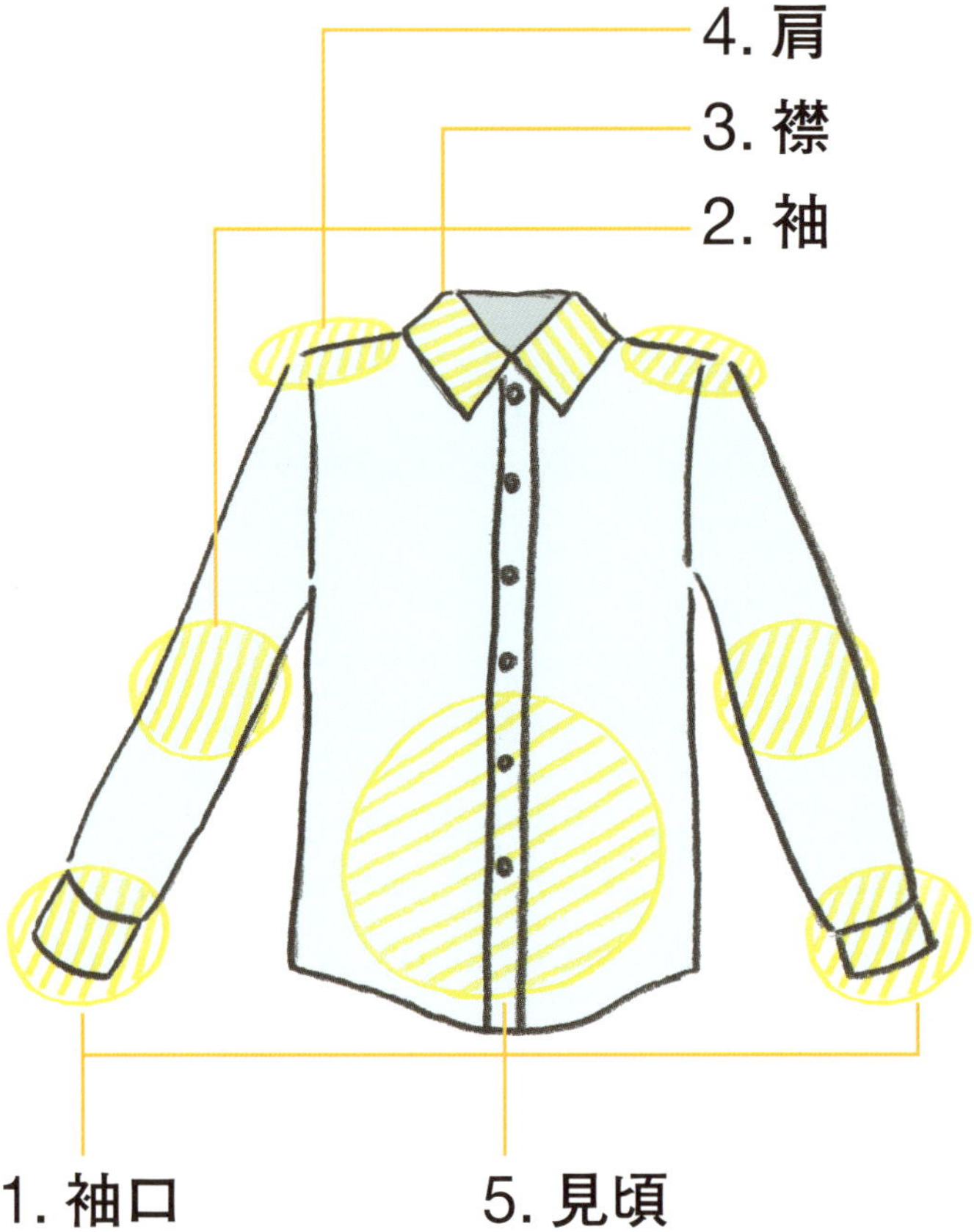

アイロンの基本は、小さな部分（袖、襟）からまずあてます。大きい部分から先にあててしまうと、動かしている時にシワができやすく、二度手間になる可能性があります。小さい部分は先にアイロンをあてても、よほどのことがない限りシワになりません。ですから、アイロンがけ手順の基本は、小さい部分から大きい部分へとなります。

部分別のかけ方ポイント

1. 袖口

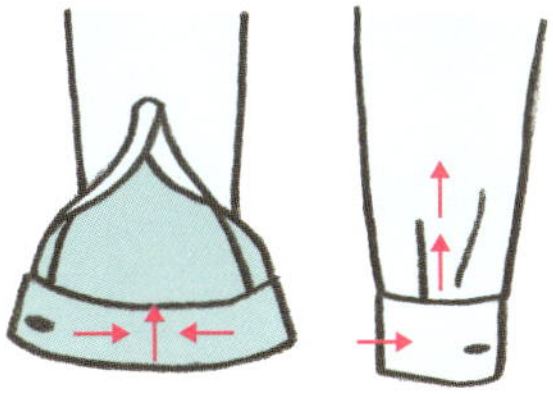

2. 袖

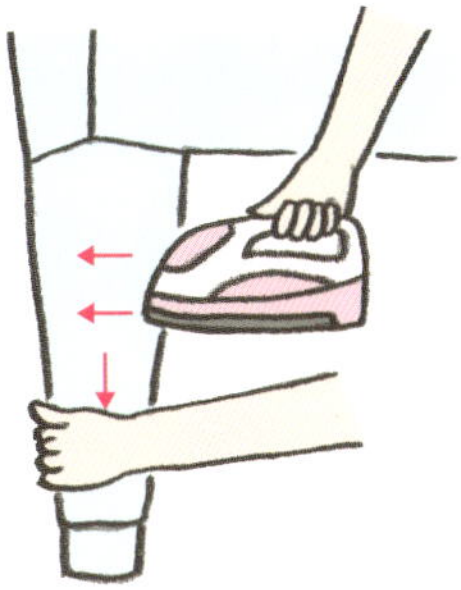

3. 襟

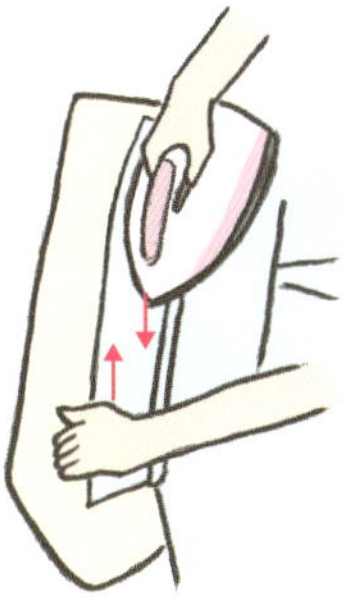

4. 肩

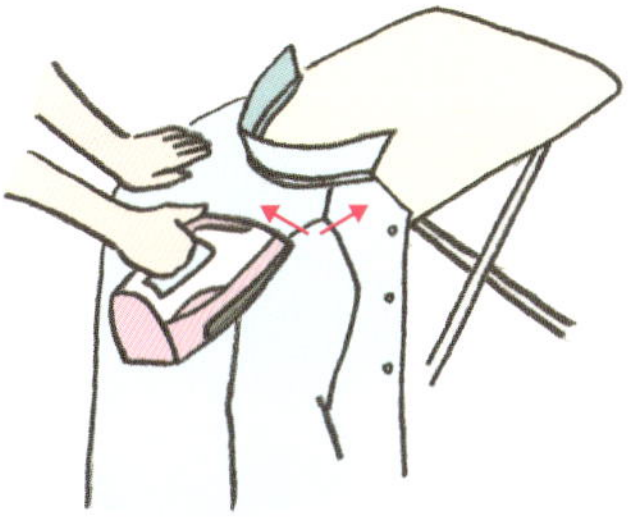

5. 前見頃

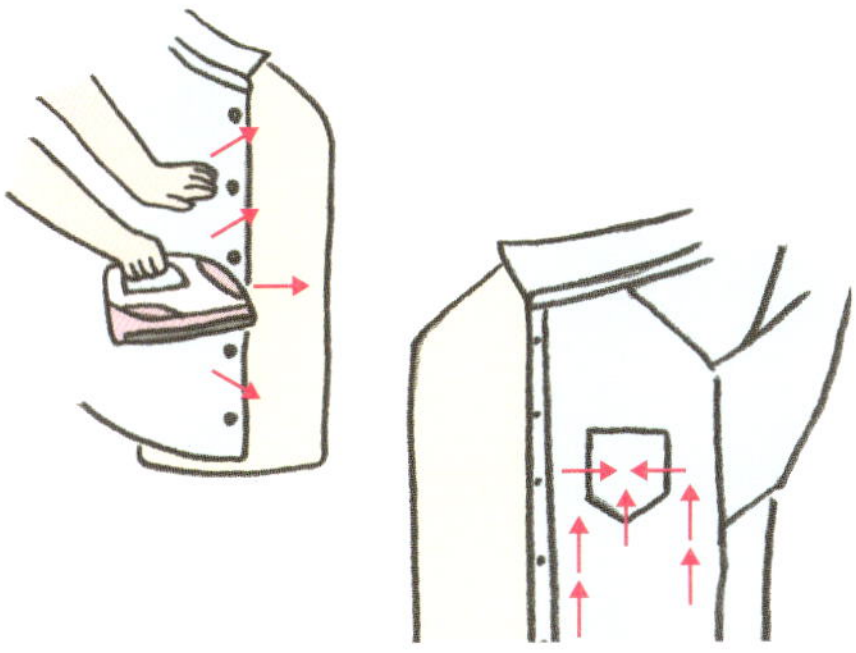

6. 後ろ見頃

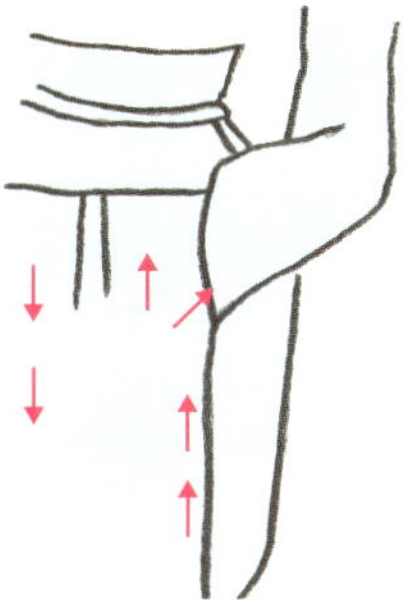

目立つ汚れを部分的に落とす
シミ抜きしてみよう

シミ抜きは、部分洗いです。厳密には部分的に強く洗う方法。洗剤を使うという点では洗濯と同じですが、洗剤や漂白剤を部分的に強く使います。そして、とても経済的な技術でもあります。部分的な汚れのために毎回洗濯機で丸洗いしていては、衣類の傷みも早くなりますし、水道代ももったいない。汚れがスッキリ落ちる瞬間はとても気持ちが良く、クセになります（シミ抜き後は濯いで乾かすのが基本ですが、部分的な濯ぎを充分に行うのが難しい場合は、そのまま洗濯してしまっても大丈夫）。

シミ抜きに必要な洗剤・薬剤

台所洗剤

油分を水で取り除くためのモノ。成分は、だいたいのシミに有効です。

酸素系漂白剤

過酸化水素の漂白効果で色素を破壊する。基本的に色柄モノにも使用できる。液体だと水に溶けやすいので、より良い。

アルカリ（重曹、アンモニア）

酸素系漂白剤の作用を高める時に使用する。

クレンジングオイル

主成分は油なので、油溶性の汚れはよく落ちる。口紅や機械油のシミに有効。濯ぎにくく、オイルの一部が衣類に残りやすいところは難点。ベンジンを使用しても可。

石鹸

襟汚れや靴下、ゲルインクなどに使える。泥汚れや墨汁などの不溶性のシミにも有効。衣類にすり込むことでシミを浮き上がらせ、もむことにより取れやすくする。

シミ抜きに必要な道具

歯ブラシ、綿棒

洗剤や薬剤をぬる時に使う。シミが小さい時は綿棒を。歯ブラシは、衣類の生地の強さに合わせて固さを選ぶ。

洗面器、桶

つけ込みなどをする時に使う。衣類の大きさによって使いわける。

ゴム手袋

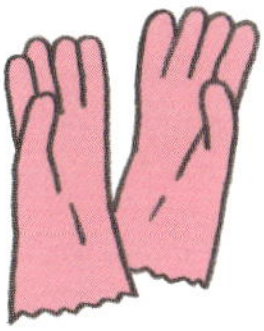

強い洗剤や薬剤をさわる時に使う。手荒れが気になる方にとっては、マストアイテム。

小皿

洗剤や薬剤を入れる容器として使う。

タオル、キッチンペーパー

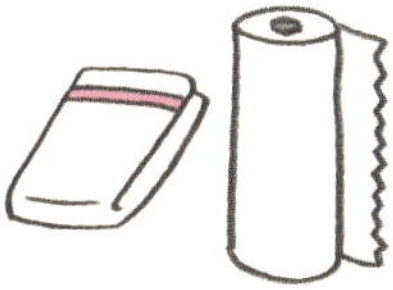

シミ抜き前に色落ちテストをする時、シミを移し取る時に使う。

ドライヤー

シミ部分のみを加熱する時に使う。漂白力は温度が高いほど強くなりますが、色ハゲが起こりやすくなるので注意が必要。

シミ抜きに無理は禁物×

無理に家庭でシミ抜きをして、失敗して着れなくなってしまうと大変です。家庭でシミ抜きができると言っても、プロのクリーニング屋さんにはかないません。家庭で簡単に洗えない衣類であったり、シミ抜きに慣れていない方は、クリーニング屋さんにおまかせしましょう。

汚れの性質によってやり方は変わる

シミの種類と落とし方

シミの種類は、大きくわけると三つ。これらはCHAPTER2でお話した「汚れの種類」に由来するもので、水溶性のシミ、油溶性のシミ、不溶性（固形）のシミです。まずは、シミの性質について詳しく見てみましょう（各汚れのもとについては、P.51でおさらいしておきましょう）。

●水溶性のシミ（水性のシミ・水で溶けるシミ）
●油溶性のシミ（油性のシミ・油で溶けるシミ）
●不溶性（固形）のシミ

さらに細かくわけると、石鹸で取れるシミ、漂白で取れるシミ、何をしても取れないシミ。

シミは厳密にいうと、いくつかの種類が混ざっている場合が多い。たとえば、お料理のシミなどは、水溶性と油溶性が混ざっています。なので、ひとつの方法で落ちない時は、別の原因を考えるようにしましょう。

また、時間が経つと経時変化（酸化）して黄ばみとなり、不溶性のシミになってしまうモノもあります。たとえば、汗のシミは付いてすぐだと洗うだけで取れますが、放っておくとシミになります。

☑ シミ抜き前のチェックポイント

・家で洗えるか（P.40参照）
・色落ちテスト（P.52参照）
・漂白テスト

漂白剤を使用する時は、衣類によって地色が脱色する場合があります。色柄モノのシミ抜きを行う時は、必ず衣類の目立たないところでテストをしてから始めましょう。

1. 綿棒などで、衣類の目立たない部分に漂白剤をぬる

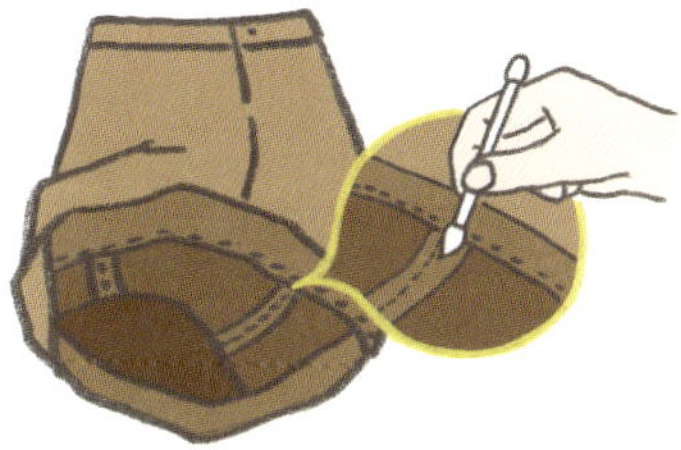

2. 先ほど漂白剤を塗った部分を、ドライヤーで加熱する

3. 水で濯ぐ

2.の段階で脱色しない衣類は、基本的に漂白剤によるシミ抜きOK（衣類の素材や染色状況により、後で脱色などが発生する場合もありますのでご注意ください）。

※シミ抜きをする時のポイント

・シミが付いたら、できるだけ早くシミ抜きする
・こすることは、できるだけ避ける（とくにデリケートな繊維）
・状態の変化をよく見て行う（色柄が落ち出していないか）
・シミが薄くなったら、同じことをくり返すか、シミ抜きを強くする

水溶性のシミの落とし方

基本

1. 台所洗剤をぬる

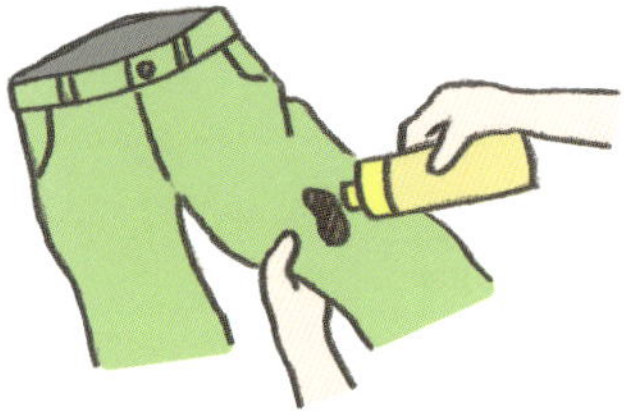

使うモノ

- 歯ブラシと綿棒
- 台所洗剤
- タオル

シミ部分の下にタオルを入れ、水で軽く湿らせた後、台所洗剤の原液をシミ部分に直接付けます。

2. もみほぐす

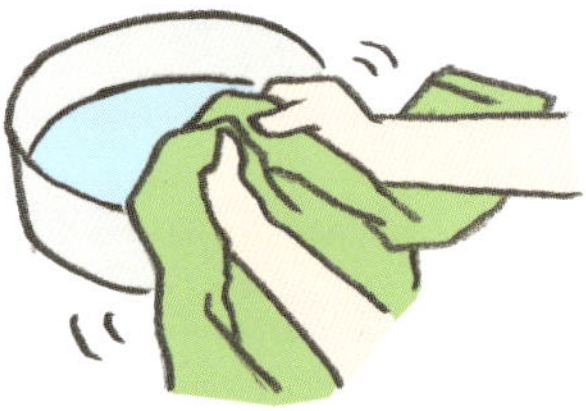

台所洗剤がシミの中まで浸み込むようにもみほぐします。とくにデリケートな素材は生地を傷めないように気をつけること。毛のやわらかい歯ブラシや綿棒を使うことも良いでしょう。

3. 水で濯ぐ

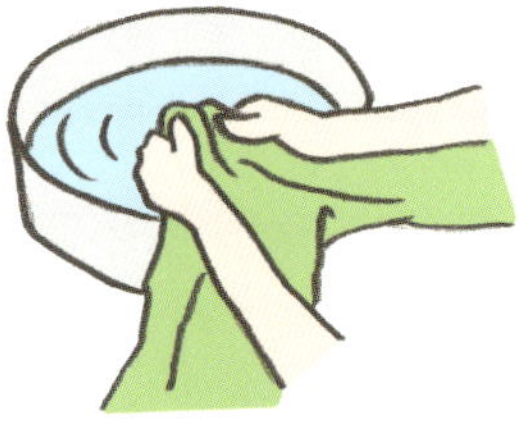

シミ部分のみ水で濯ぎ、終わったら衣類に合った方法で洗濯します。水で濯いでも取れていない場合は、もう一度 1.からやり直します。

それでも取れないシミには……

漂白テストをした後、大丈夫そうだったら酸素系漂白剤を使って、同じように処理します。

油溶性のシミの落とし方

基本

1. 油汚れを取り除く

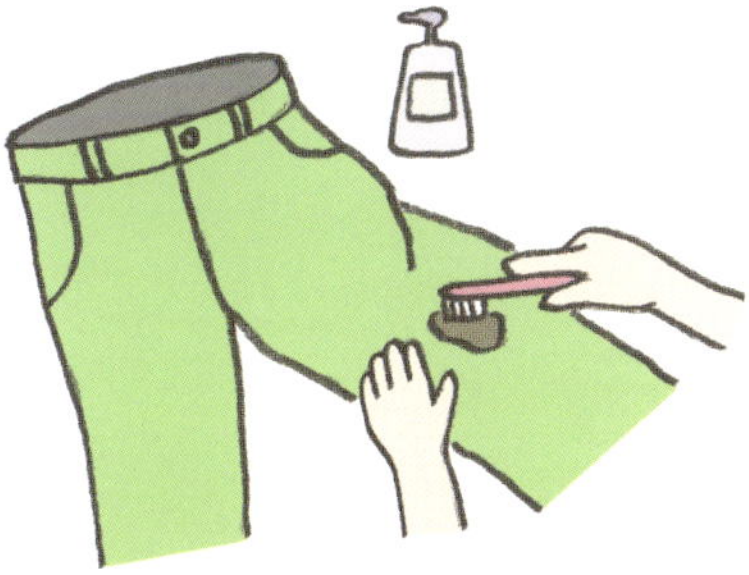

使うモノ

- 歯ブラシと綿棒
- 酸素系漂白剤
- クレンジングオイル
- 台所洗剤
- タオル

シミ部分の下にタオルを入れ、クレンジングオイルでシミをもみほぐします。デリケートな素材は、生地を傷めないように気をつけること。

2. 台所洗剤でクレンジングオイルを濯ぐ

クレンジングオイルは、水で濯ぐだけではオイル分が残る場合が多いです。オイル分が取れるまで、台所洗剤で濯ぎましょう。

それでも取れないシミには……

水溶性のシミと同じく、漂白テストをした後、大丈夫そうだったら酸素系漂白剤を使って処理します。この時ドライヤーで加熱すると、より強力にシミを取り除けます。

不溶性のシミ（固形）の落とし方

石鹸で取れるシミの場合
（泥やえんぴつなど）

1. シミ部分を水で軽くぬらし、生地を傷つけないようにして、石鹸を付けてこする

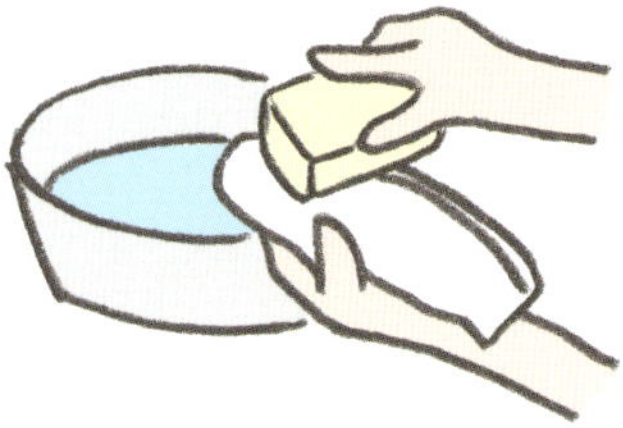

使うモノ

・歯ブラシと綿棒
・酸素系漂白剤
・石鹸
・台所洗剤
・タオル

2. もみほぐす

3. 水で濯ぐ

シミ部分のみ水で濯ぎ、終わったら衣類に合った方法で洗濯します。

酸素系漂白剤で取れるシミ
（古くなったシミなど）

※台所洗剤でも落とせなかった時の処理方法

1. シミ部分に酸素系漂白剤をぬる
2. ドライヤーで加熱する
3. 水で濯ぐ

それでも取れないシミには……

重曹など、アルカリ系のモノを加えて、酸素系漂白剤の力を強くする。

※何をしても取れないシミ

生地を傷ませる前に、クリーニング屋さんに相談してみましょう。

〈番外編〉ガンコで取れにくいシミの落とし方

カレーのシミ　性質：水溶性＋油溶性

※まず水溶性のシミの落とし方1.から3.までを行う。

1. 酸素系漂白剤をぬる

2. 水で濯ぐ

それでもシミが残る時は、酸素系漂白剤によるつけ込みを行います。40から50℃のお湯に酸素系漂白剤とアンモニア水を入れ、2時間程度放置するとキレイになる場合があります。生地の色が白い場合は、塩素系漂白剤での漂白も有効（それでも落ちない時はクリーニング屋さんへ）。

花粉のシミ　性質：不溶性

※いきなり水で濡らすと取れにくくなります。

1. 掃除機のホースの先に、タオルをかぶせ、輪ゴムでしっかり固定する

2. 花粉を吸い取る

この段階でキレイに取れることもありますが、まだ花粉が残っていたら、シミ部分の下にタオルをしき、歯ブラシを使ってベンジンを染み込ませてトントンとたたきます（それでも落ちない時はクリーニング屋さんへ）。

マニキュアのシミ　性質：油溶性

1. 除光液を歯ブラシなどにつけ、シミ部分をやさしくたたく

2. 水で濯ぐ

他にも朱肉や接着剤（プラモデル用）は、除光液でシミ抜きすることができます。
※除光液はアセテート・トリアセテートには使用不可。換気、火気にも注意。

もっと詳しくシミ抜きを知りたくなったら

「洗濯・染み抜きドットコム」にレッツ・ゴー
http://sentaku-shiminuki.com/index.htm

季節の衣替えなど

シーズンごとの衣類のお手入れ

●春の花粉対策

同じ方法で黄砂も防ぐことができます

・市販のスプレーでガードする

あらかじめ、衣類には花粉や静電気を防止するスプレーをかけておきます。

・着用する上着の素材を選ぶ

表面がツルツルしている素材を選べば、花粉が付着しにくくなります。

・帰宅したらブラッシング

春はブラッシングで、外からの付着物を室内に持ち込まないようにしましょう。

・シーズン中は室内干しする

洗濯物はできるだけ室内で干すようにしましょう。洗濯時に部屋干し用の洗剤を使えば、ニオイも気にならなくなります。

・洗濯の仕上げに柔軟剤を使う

静電気がおさえられ、花粉や黄砂の付着も防げます。

・布団や毛布は掃除機で吸い取る

外に干した後は、必ず掃除機で付着物を吸い取るようにします。症状のひどい方は、除菌・消臭スプレーを活用して、外に干す回数を減らしましょう。

●梅雨時の洗濯

除菌と早く乾かすことがポイント！

・洗濯時の洗浄力を上げる

洗濯する時の水の温度を高くし、普段使っている洗剤に酸素系漂白剤を加えれば、洗浄力アップと除菌のW効果が得られます。

・脱水後は、すぐに干す

洗濯機の中は湿度がたまりやすく、カビが発生しやすい環境です。とくに梅雨時は湿気もたまりやすいので、すぐに取り出すようにしましょう。

・できるだけ早く乾かす

外が雨だったり、干してもイマイチ乾きが悪い場合は、室内干しすることになります。いつまでも乾かないと、室内にも湿気がたまってしまいます。扇風機や除湿機を稼働させて、室内の空気の流れを良くして早く乾くようにしましょう。

カビ対策は万全に

梅雨の6月から8月にかけては、高い温度と湿度で、大事な衣類にカビがはえたりします。カビの胞子はどこにでもあり栄養、温度、湿度の条件がそろえば、発生しやすくなります。カビが発生しないように収納方法を工夫しましょう（P.72からP.75をおさらいしましょう）。

●夏の洗濯

よく水を通す衣類でも、傷みを軽減することができます

・Tシャツはできるだけ丁寧に洗おう

洗濯機でグルグル回すのではなく、手洗いをしたほうが長持ちします。プリント部分のアイロンの使用は絶対に×。Tシャツのプリントは、「ラバープリント」という、熱にとても弱いプリントの場合も多く、高熱を加えると、プリントが溶けてしまうことがあります。

首周りの汚れが目立ったら、洗濯の前にスプレータイプの酸素系漂白剤を付けて洗うようにしましょう。

Tシャツを洗濯機で洗う場合

- **裏返しにして、表のプリントを守る**
- **首周りを輪ゴムで結い、よれてしまうのを防ぐ**
- **ネットに入れて洗う**
  摩擦による劣化、他の衣類と絡んで伸びるのを防ぐ

洗濯が終わったら、できるだけシワを伸ばして、陰干ししましょう。ハンガーを使うと、首周りが伸びやすいので、平干しにするなどの工夫も大事。

水着は早く丁寧に洗う

塩素や塩分により、色ハゲなどが起こりやすいので、脱衣後はできるだけ早く洗うようにしましょう。洗濯機で洗う時はネットに入れる、手洗いなら押し洗いでやさしく洗い、脱水は短く済ませます（短時間脱水のやり方はP.58をおさらいしましょう）。

●秋の衣替え

夏服をしまう前に、汚れをしっかり落としましょう

・黄ばみが出てしまった

黄ばみの正体は、繊維の奥に染み込んでいた汗。シミ抜きをすることで落とすことができます。まず、台所洗剤をもみ込みながら皮脂の油分を落とし、一度濯いだ後に酸素系漂白剤で漂白します。汚れが付いてから長い時間が経っているモノについては、つけ置きで漂白するのが効果的です。

・塩ふきしている

色の濃い衣類や帽子に白い輪のようなモノが現れたりします。これは「塩ふき」といって、汗が乾燥し、塩化ナトリウムが表面に出てきたモノです。洗えるモノであれば、普通の洗濯で充分落とすことができます。帽子など、丸洗いが難しいモノについては、帽子の内側を固くしぼった布でふく。それでも取れない時は、中性洗剤を使ってのふき洗いをしましょう（P.66をおさらいしましょう）。

●冬の洗濯

大掃除の時は、普段洗わないモノも徹底的にキレイにしたい

・大きいモノは浴槽で「踏み洗い」

たとえばこたつ布団やソファーカバー、座布団など。家で洗える素材でできていて、なおかつ少々の型崩れが気にならないモノは、浴槽を活用して踏み洗いしてみましょう。中性洗剤を使って洗います。濯ぎも足で踏みながら行い、さらに浴槽のふちにかけてしっかり水切りします。

・水を使わない「ふりかけ洗い」

ぬいぐるみなど、できるだけ変形させたくないものは、重曹によるふりかけ洗いをしてみましょう。水洗いに比べて洗浄力は落ちますが、トラブルは起こりにくいです。

ふりかけ洗いの手順

用意するモノ

・モノが入るくらいのポリ袋
・重曹
・掃除機

1.

ポリ袋に洗いたいモノを入れて、重曹を1カップほどふりかけます。

2.

ポリ袋にある程度空気を含ませ、口を輪ゴムで止めます。

3.

密閉したポリ袋を振り、全体に重曹をまぶします。

4.

そのまま数時間から一日置いておきます（汚れが気になる時は長めに）。

※汚れが残っていたら、部分的にふき洗いします（P.66をおさらいしましょう）。

ふりかけ洗いはお部屋のラグや、車のシートにも応用できます。重曹をふりかけて数時間から一日置いておき、その後掃除機で重曹を吸い取ればＯＫ。

重曹は、靴下やストッキング、靴の中に入れておくと、ニオイ取りになりますよ！

付録

素材の原料と特性

素材の原料と特性

素材にはさまざまな特性があります。洗濯、収納、お手入れの際、どのように扱えばよいかのめやすにしましょう。

洗いやすい（洗濯機で洗える）

素材名	原料	使われるアイテム&素材の特徴
ポリエステル	石油（合成繊維）	・ブラウス、ワイシャツなど ・軽くて丈夫 ・静電気で黒ずむことがある ・熱を持ったまま放置すると、シワが伸びなくなる
ナイロン	石油（合成繊維）	・ストッキングなど ・吸水性はあまり良くない ・折り曲げ、引っ張りにとても弱い ・熱を持ったまま放置すると、シワが伸びなくなる
アクリル	石油（合成繊維）	・セーター、毛布、ぬいぐるみなど ・保湿性があり、軽い ・毛玉になりやすく、静電気で汚れやすい ・干している時に変形しやすい
ポリウレタン	石油（合成繊維）	・ブラウス、水着、靴下など ・摩擦により劣化しやすい ・ストレッチ素材として、綿やナイロンと混紡されることが多い
綿（コットン）	綿花（植物繊維）	・下着、ブラウスなど ・吸水性が良い ・色移りしやすい ・乾きにくく、シワや縮みができやすい

手洗いが良い（ドライマークコースも可）

素材名	原料	使われるアイテム＆素材の特徴
毛（ウール）	羊毛など （動物繊維）	・冬物衣料、セーターなど ・吸湿性、保湿性がある。温かい ・水にぬれた状態で動かすと縮む
合成皮革	石油など	・コート、パンツなど ・熱にとても弱い ・摩擦により劣化しやすい
テンセル	木材パルプ （指定外繊維）	・セーター、婦人服など ・擦れがおこりやすい
麻	麻類 （植物繊維）	・夏物衣料など ・なめらかな風合い。涼しい ・シワになりやすい、できると伸びにくい ・色落ちしやすい
絹（シルク）	蚕のまゆ （植物繊維）	・スカーフ、ネクタイ、着物など ・しなやかな感触。光沢がある ・吸水性が良い ・光により変色、退色しやすい ・シワが目立つ

手洗いが最適

素材名	原料	使われるアイテム&素材の特徴
カシミヤ	カシミヤ山羊の毛（動物繊維）	・高級衣料など ・やわらかく、保湿性、吸湿性が良い ・ウールより、シワが伸びにくい
アンゴラ	アンゴラ兎の毛（動物繊維）	・高級衣料など ・とても軽くて暖かい ・手触りがやわらかい
キュプラ	コットンリンターなど（再生繊維）	・ブラウス、高級裏地など ・光沢があり、吸水性、吸湿性が良い ・水分に弱く、縮みやすい ・小じわができやすい（脱水時は注意すること）

洗いの難易度が高い

素材名	原料	使われるアイテム＆素材の特徴
レーヨン	木材パルプ（再生繊維）	・婦人服など ・吸水性、吸湿性が良い ・水にぬれると縮みやすく、弱くなる ・シワになりやすい
皮革	動物の皮膚	・コート、ジャケット、パンツ、バック、靴など ・スチームに当てると硬化する ・色が抜けやすい ・保管時にカビが生えやすい
アセテート・トリアセテート	木材パルプ（半合成繊維）	・ドレスなど高級婦人服 ・排気ガスにより変色、退色する ・除光液が付くと溶ける ・シワができると、とても伸びにくい

著者プロフィール

山﨑　勝　アスパイラル代表（クリーニング技術研究会主催）

1964年、大阪生まれ。同志社大学卒。学生時代は、体育会ヨット部所属。大学卒業後、ヨットの専門の会社に入社。20代で、470級ヨットの世界チャンピョンのコーチ、JOCナショナルチームのコーチなどを勤め、海外を転戦。父の関係でクリーニングの会社に入社。クリーニング業界内で「洗い・シミ抜きの第一人者」と言われるようになる。クリーニング店を対象としたクリーニング技術研究会(DCC)を主催。TVや雑誌、新聞などメディアに出ているクリーニング店をはじめ、日本各地の技術力のあるクリーニング店の約8割を指導したと言われる。また、オリジナルの石鹸、シャンプーの開発に着手し、アスパイラルを設立。

アスパイラルとは……

“洗いの技術”にこだわることからスタートした、大阪の心斎橋にある小さなメーカー。社員全員で、お客様への丁寧な対応を心がける、アットホームなところが魅力。製品は、安心・安全に使っていただけることはもちろん、他にない性能や使い心地も大切にしている。

アスパイラル＝「あ＋スパイラル」

「あ」は……ありがとうの「あ」、あたらしいの「あ」、あかるいの「あ」。
そんな気持ちを世の中に広めていくメーカーになるべく、「あ」に「スパイラル」と名付ける。大きな渦の潮流となって、広まっていくことが目標。

Staff
装丁　瀬戸 冬実
デザイン　柴田 紗枝
　鈴木 剛史
イラスト　柴田 紗枝
ライティング　元橋 あゆみ
編集　小川 沙希子（幻冬舎エデュケーション）

おうちでできる「衣類ケア」の決定版
衣類の洗濯・収納・お手入れ便利帖

2013年4月20日　第1刷発行

著者　アスパイラル代表（クリーニング技術研究会主催）　山﨑 勝
発行人　中村 晃一
発行元　株式会社幻冬舎エデュケーション
〒151-0051　東京都渋谷区千駄ケ谷4-9-7
電話　03（5411）6215（編集）
発売元　株式会社幻冬舎
〒151-0051 東京都渋谷区千駄ケ谷4-9-7
電話　03（5411）6222（営業）
振替　00120-8-767643
印刷・製本所　株式会社 光邦
検印中止

Printed in Japan
ISBN 978-4-344-97646-7　C2077
http://www.gentosha-edu.co.jp/
この本に関するご意見・ご感想をメールでお寄せいただく場合は、info@gentosha-edu.co.jpまで。